WAC BUNKO

知的生き方の方法

人生をほんとうに楽しむためのスキル

渡部昇一

JN085042

WAC

知的生き方の方法

人生をほんとうに楽しむためのスキル

◉目次

第一章　読書こそ人生の糧

第二章 一生の友人を選ぶ

第三章 人生を奏《かな》でる音楽

第四章 仕事のスキル ── 85

取材協力　岩﨑幹雄
装幀　須川貴弘（ＷＡＣ装幀室）

第一章

読書こそ人生の糧

活字の船に乗って大海に漕《こ》ぎ出す

探偵小説作家の江戸川乱歩《えどがわらんぽ》はかつて「活字の船」といいました。読書というのは活字という船に乗って大きな海に乗り出すことである、という意味です。

じっさい、文字だけを読んで「これは面白い」と思うのはやはりかなり高度な作業なのです。抽象性の度合が絵本を見るのとはまるでちがいます。絵であれば、見ればすぐわかりますが、文字はそういきません。イメージは自分の頭のなかでつくらなければいけない。自分の好きなように空想力の翼を広げることができます。その意味でも読書とは、まさに乱歩がいっているように、活字という船に乗って異次元の世界にまで漕《こ》ぎ出ることなのです。

『楽しい読書生活』

ひとたび活字の舟に乗ることを覚えると、私の読書欲求は爆発的に増大した。そして、講談社の出している少年小説を片っ端から読んだ。江戸川乱歩の少年探偵団もの、山中峯太郎の陸軍もの、平田晋策《ひらたしんさく》の海軍もの、佐々木邦《ささききくに》や佐藤紅緑《さとうこうろく》の少年もの、それに横山美智子や吉屋信子の少女ものまで手当たり次第である。そして、頭のなかの世界は突如広くなった。あとで考えると、これが一般的啓蒙 (general enlightenment) というものに連なったように思う。

『青春の読書』

幼いころに一人で本を読むにまかされるという習慣は、将来の知的生活にかなり重大な影響があると思われる。というのは、何歳になっても、知的生活の中心は、孤独で考えたり瞑想したりする時間、孤独で本を読む時間、孤独で作業する時間である。一日何時間か、まったく孤独でいても心楽しいという気質ができていないと、知的生活は成り立ちにくいと思う。現代の日本の代表的学者・評論家である某氏も、子供のころは登校拒否児であって、一年ばかり休学して、納戸《なんど》の中で好きな本を読んでいたという。著名な女流作家にも同じような体験があったといっている人がいる。漱石も子供のころは、蔵の中でじっと懸け軸の南画《なんが》など見ている子供だった。なにも文学者だけでなく、自然科学者も、幼児のとき、独り遊びの時間をうんと持たなかった人は少ないであろう。ここに、早期集団教育や干渉的母親や幼児のテレビなどの危険が出るのである。子供が、大人にも他の子供にも邪魔されず、安心して独り遊びできる体験を持って育つか否かが、知的生活に向く人間になるかならぬかの大きな要因である。

『続　知的生活の方法』

子供に与える本

私の少年時代が幸いだったのは、講談社の本が読書の中心になっていたことです。『少年倶楽部』、『幼年倶楽部』、『少女倶楽部』、それから講談社の絵本、少年講談その他、どれをとっても立派な内容で、今読んでも十分読むにたえるものです。

私の家は貧乏でしたが、親は本だけは買ってくれました。だから、私が悪さを働いたときの母の決まり文句は「本を読ませているじゃないか」でした。講談社の本を読んでいるのに、なぜ悪さを働くのか、という意味です。

それほど講談社の本の中身は良質でした。江戸時代の「心学」の伝統を承《う》け継いでいたのです。私は講談社文化の中で育ち、そこで処世のあれこれを学んできたといっても過言ではありません。

＊

私は山形の鶴岡市というところで生まれ育ちました。この鶴岡の殿様は、明治維新のあと、東京に出ずに郷里に居座ったままでいた唯一の大名でした。そのため、高級武士も皆、鶴岡の地にとどまりました。そういう先祖を持つ同級生たちは皆、行儀作法が非常によく、字が上手で、勉強もよくできました。

ところが不思議なことに、それは小学校三、四年までの話で、高学年になると成績が振るわなくなったのです。結局、同級生のうち、旧制中学に入った人は私の知る限り一人しかいませんでした。

後年になってその理由をいろいろ考えてみて私が得た結論は、あの頃の高級武士の家では講談社の本を通俗と考えて子供に与えなかったのではないか、というものでした。そのため新しい知識をあまり知らず、昔風の礼儀や道徳ばかり身につけさせられて、頭が固くなっていたのではないでしょうか。むしろ少年倶楽部などを読んでいるほうが、ずっと物わかりのいい頭ができあがったと思うのです。

今の子供たちの習慣がどういう本でつくか私は知りませんが、少し前の時代であれば、たとえば「巨人の星」などは根性のある子供をつくるのに貢献したのではないでしょうか。

そういう意味で、子供に与える本は非常に重要であると思います。

『渋沢栄一『論語と算盤』が教える人生繁栄の道』

「ほんとうにおもしろい」という本は、子供のときにはおとぎばなしであり、それから冒険物に進むのであろう。おとぎばなしだろうが、冒険物だろうが、そのときに「ほんとうにおもしろい」と思ったその感じを忘れてはいけない。勉強なら「意志」でやらなければならない学科もあろう。しかし自由時間に読む小説に「意志」や「おつき合い」を妙な工合に持ちこむと、ほんとうの感興と、おざなりの感興の区別がつかなくなり、真の意味での読書の向上がいちじるしく害されるおそれがあるからである。探偵小説でもよいから、ほんとうにおもしろかったら、その「感じ」をたいせつにする。そして漱石を読んだときに、その「感じ」が出たら、自分自身のために祝盃を上げればよい。それは明白な知的向上を示すものだからである。そのほんとうの「感じ」が出るまでは、同級生が漱石を持ち歩いているのを見ても、ロマン・ロランを称《たた》えるのを聞いても、あわてて自分もわかったふりをする必要はない。自分にはおもしろくないということを公言する必要はないが、ほんとうにはおもしろいと思わないものを、おもしろいなどというふりをしてはいけないのだ。他人に対しても自分に対しても。特に自己をいつわってはならない。自己の実感をいつわることは、向上の放棄にほかならないのだから。

『知的生活の方法』

インターネットと「紙」の本

本というのは「精神の食べ物」である。

インターネット情報はサプリメントにすぎない。

そこに思い至ったとき、私は安心立命《あんじんりゅうめい》の境地に達しました。これで、これからも安心して本を買いつづけ、楽しんで本を読めると思いました。急いで情報を取らなければならないときはインターネットに頼るとしても、そうでないときは書斎の椅子にゆったり坐《すわ》って書物の世界に没頭《ぼっとう》しよう、と。　『楽しい読書生活』

身体も頭脳も、サプリメントだけでは成長にはつながらない。飯を炊き、味噌汁や漬物を作り、果物の皮をむいて食べる行為が身体を作っていくように、電子書籍だけでは本当の知的な生活を送れる脳は作れない。必要な情報のみなら間に合うが、実際にはきちんと書物を選び出し、カバーから本の扉を開けて、読んでいくという行為が、読書の本道であり、そのような読書を通じてインターネットで得られる情報を使いこなせる脳を持った人間ができあがるのである。

『知的余生の方法』

脳はわれわれが考えるよりもずっと弾力性のある臓器だという。記憶を司《つかさど》る海馬《かいば》も、使えば増殖するという。使わないから錆《さ》びるだけで、使えば、脳細胞はまだまだ大丈夫だ。六十歳だろうが、七十歳だろうが、増える可能性があるということである。

その脳を鍛える一番いい方法が読書だ。しかも読書は、脳細胞と同時に精神も鍛えてくれる。最近よく、脳を活性化するにはパソコンがいいといわれるようになっている。年を取ったら指を動かすといいのだそうだ。確かにそういう面はあるのだろう。

しかし何と言っても読書こそが、脳細胞を知的に磨き、精神を生き生きと甦らせてくれる最も単純にして、手っ取り早い方法だと思う。だから、特に定年退職して時間に余裕のある余生を生きる世代は、率先して読書にいそしむべきだろう。

テレビにかじりつくばかりの余生ほどつまらないものはない。第一、そういう姿を毎日妻の前にさらすことが、熟年離婚されてしまう理由の一つになることだってある。男子たるものやはり、退職しても凛《りん》とした態度であるべきだ。

『知的余生の方法』

紙の辞書には電子辞書にはない長所があります。それは、ひとつの単語を引くと、その前後の単語もいっしょに目に入るということです。だから思わぬ発見をすることがあるわけです。

たとえば英語の辞書で、"nubile《ニューバイル》"という単語を引くと、その次に"nubilous《ニュービラス》"という言葉が出てきます。前者は「結婚に適した」という意味で、後者は「雲に覆われた」という意味です。ほとんど同じようなスペルなのに、なぜこんなに意味がちがうのだろう、という疑問は紙の辞書を引かなければ出てきません。

いまの例でいえば、これはどういうことかと思って探っていくと、"nub"という語根はラテン語の"nubes《ヌベス》"（雲）という言葉に由来していて、これには「覆う」という意味がある。だから「雲に覆われたような」という意味になるわけです。そして昔は花嫁をヴェールで覆ったから、そこから「花嫁に適した」という意味も派生する。こうして"nubile"が「結婚に適した」という意味になり、"nubilous"が「雲に覆われたような」という意味になることがわかるわけです。

電子辞書ではこうはいきません。

前にもいいましたが、ビタミンCだけ摂《と》るのが目的ならサプリメントでもいいでしょう。これが電子辞書です。でも、オレンジを食べれば、ビタミンCだけでなく食物繊維など、ほかの栄養素も摂取することができます。これが紙の辞書の効用です。

『楽しい読書生活』

本は買うべし

読みたい本は必ず購入すること。形式として自分のものにしてしまう。これは知的手段を私有財産とするための第一歩である。

『すごく「頭のいい人」の生活術』

私は、新しい興味を覚えたらとりあえず本を買っておいたほうがいいという考え方をしています。たしかに、そうやってとりあえず注文したり買ったりした本が「積ん読《どく》」の元凶《げんきょう》になるわけですけれども、「積ん読」もまた楽しからずや——と思えばいいのです。「積ん読」を全部やめてしまったら読書としては不完全です。「積ん読」はいわば読書の「必要悪」と考えるべきではないでしょうか。

「積ん読」をしていれば、あとになってその本を開くかもしれない。そうすると、また別の世界が開けてくる可能性があります。そこに何か新しい発見があるかもしれない……。

『楽しい読書生活』

作詞家の秋元康氏は、目的の本を買ったあとの行動が大事だといっている。

普通、買う本が決まったらすぐに帰るか、時間があっても書店の中をただブラブラするだけだろう。しかし、秋元氏は買う本を決めたら、その本棚から右へ五メートル、左へ五メートルの範囲のところから、何かもう一冊を選ぶのだそうだ。

この方法で買ったのが、スイス銀行にお金を預けた人の本で、ふだんの自分なら、決して手を出さないジャンルの本だが、読んでみると実に興味深く、印象に残ったという。

こうして頭に残った情報は、たとえ興味のない分野であれ、仕事に関係ないものであれ、いつか役立つかもしれない。

もし、忘れてしまっても、自分には関係のない情報だったと思えばいい。そういう軽い気持ちで選ぶのがミソだそうだ。

「どこにでもあるもの」でも、ちょっと視点を変えてみるだけで新しい発見があるし、役立つ情報にすることができるのである。

『実に賢い　頭の使いかた37の習慣』

私的ライブラリーをつくる

日本の図書館では閉館時間はだいたい夜の七時で不都合極まりない。また、自室のごとく使える個室を備えた図書館も、おそらく皆無だろう。

やはり書斎を持ち、そこに自分の関心のあるテーマに添った書籍や資料を極力集めるようにする。つまり、私的ライブラリーをつくりあげることがベストなのである。それは、自分が欲しい情報をいつでも取り出すことができる空間をつくりあげることなのだ。

＊

なにも、私的ライブラリーをつくるために本や雑誌をどんどん購入しろ、ということではない。自分自身が関心を持っているテーマに対応した、それこそ重要な本に絞って取り組めばいいのである。自分にとって価値あるものかどうかを考慮し、私的ライブラリーに残していくようにする。そうすることで、情報収集・活用のための時間を短縮でき、効率アップにもなる。知的生活の質も、飛躍的に向上することは間違いない。

『すごく「頭のいい人」の生活術』

若いうちは金がないから、図書館を上手に使うことは重要な技術である。しかし収入が少ないなら少ないなりに、自分の周囲を、身銭を切った本で徐々に取り囲むように心がけてゆくことは、知的生活者の第一歩である。西洋のことわざに、「あなたの友人を示せ、そうすれば、あなたの人物を当ててみせよう」というのがあるが、私はこう言いたい、「あなたの蔵書を示せ、そうすればあなたの人物をあてでみせよう」と。

『知的生活の方法』

「build up one's library」という表現が英語にありますが、ライブラリーという単語は「図書館」という意味の他に「蔵書」という意味を持っています。「build up one's library」とは、いわば「自分の文庫」を持つということです。そのときに大事なことは、徹底的に自分のおもしろさに忠実であることです。どんなに権威ある本でも、自分にはおもしろくなかったということで無視してかまいません。

壁一面ぐらいは二度以上読みたい本だけでも並べておきたいものです。一度読んで十分というものは捨ててもいいでしょう。

＊

情報収集はときどき本屋に足を運んで、ブラッと入ってみることです。それから、書評欄。信用できないにしても、ザッと読むとなかにはピッとくるのもある。あるいは評判を聞いて手に取る。手に取って、おもしろいかどうかはその人次第です。論文を書く人であれば別だけれども、そうでないなら我慢して読む必要はありません。

『大人の読書』

毎日の通勤電車の中を書斎（この場合は読書空間）と見なすこともできる。具体的には、まず家をいつもより早めに出て、場合によっては会社と逆方向に行く電車に乗るのである。

それで終着駅まで行き、同じ電車に乗ったまま、会社のある最寄り駅まで行くのである。すなわち、始発駅からの乗客となって、座席を確保すると考えてよいであろう。そして読みたい本を読みふけるのである。

読む本は、将棋の定石集でもいいし『万葉集』でもいい。電車の中で少しずつでも読み進められて、ためになると思うものを選べばよいのである。

私には、この方法でシュペングラーの『西洋の没落』上下二巻を原書で読破した経験がある。

電車で通勤するひと時を、書斎で読書するように活用することは、「ここだって私の立派な書斎だ」という意識を持ち、「毎日少しずつでもしっかり読むぞ」という意志を実行に移すならば十分に可能だと思う。このように、どこであろうと心がまえしだいで書斎として活用できるということなのである。　『すごく「頭のいい人」の生活術』

古典の効用

古典というものはおおむね、その古典について書かれたものよりもやさしいものであることは千古《せんこ》の事実です。たとえば『論語』の注釈書などを読み始めたらきりがなくなってきます。けれども、『論語』はごく基本的な語句の解釈だけで十分です。そのほうが、どのぐらい時間と精力の節約になるかわからない。バイブルについても、膨大な神学書を読むよりは福音書、さらに福音書の中のキリストの言葉だけを読むのが一番大切です。

『できる人になる生き方の習慣』

ヒトラーもいまになっては後の解釈になりますが、あれだけ勝ちまくっているときに、なぜ戦車師団をコーカサスなどに回したりしたのか。あのまま夏のうちにモスクワ、レニングラード（現サンクトペテルブルグ）に突入することができた。そうすればモスクワ、レニングラードは一〇〇パーセント落ちていました。あれは冬になったから、落ちなくなってしまった。何でも数十年来の寒気で、機関銃の潤滑油《じゅんかつゆ》まで凍ってしまった、とモスクワ作戦に加わったことのあるドイツ人に聞いたことがあります。

つまり、勢いを止めてしまった。勢いに乗ってモスクワを取れば、その奥はありません。モスクワを取らなかったのは、決定的失敗だったと思います。

ヒトラーは勝ち目のないところで頑張らずに、スターリングラード（現ヴォルゴグラード）からさっさと引き下がるべきでした。将軍たちは『孫子』を読んでいたかもしれないが、ヒトラーは読んでいなかったと思います。

これは教養の問題でしょう。ヒトラーは絵描きくずれで、兵士になり、あとはワーッと上り詰めてしまった。彼のものすごい人種差別論を見ても、じっくりと教養の本などを読んでいないはずです。軍事のことは将軍たちよりもよく知っていた面もあるようですが、あの人種差別観から言えば、東洋人はユダヤ人よりも下ですから、シナ人の本は読まなかったと推定したい。

＊

古典を読む場合、それぞれの時代性があって具体的な部分はあまり役に立たない。しかし、そこから抜き出した原則には万古不易《ばんこふえき》のものがあると思います。それが国のレベルのことであっても、会社レベルのことであっても、個人レベルのことであっても、抽象度が高ければ高いほど利用価値がある。

明治時代のリーダーたちに大きな手落ちがなかったのは、教養としてどこかに『孫子』があったからだと思う。


『孫子の兵法　勝ち続けるために何をすべきか』

現代の日本人を見ると、文化概念としての民族性が薄くなりすぎていないか、という危惧《きぐ》の念を抱く。つまり、親や先祖の文化としての古典とのコミュニケーションが甚《はなは》だ希薄になっているように思われてならない。

そうしたことを考えるにつけても、日本人として、記紀歌謡、『万葉集』から始まり、『源氏物語』、『平家物語』、西行、芭蕉、漱石などのエッセンスを共有するべく努力することは、非常に意義深いことであると私は考えるのである。

「一知半解《いっちはんかい》」という言葉がある。なまはんかな知識という意味だ。特に自分にとって「これは」という古典の作品を読む場合、こうした態度、つまり表面だけをさらっと流して、「読んだ」とすることは望ましくない。

多少面倒でも書かれている文章を正確に理解し、最初から最後まで読み通す姿勢が欲しいと思う。その上で、独自の解釈を考え出すほうが、より深い認識を得ることができる。同時に人格も磨かれるというものだ。

もちろんページを斜め読みしたり、拾い読みする方法もある。

しかし、これは読書に熟達してから試みるべきだろう。読書においては、原則として「一を聞いて十を知る」という天才芸は禁物だと考えておくほうがいい。

『すごく「頭のいい人」の生活術』

繰り返し読む「自分の古典」

繰り返して読むということの意味はどういうことなのだろうか。それは筋を知っているのにさらに繰り返して読むということであるから、注意が内容の細かい所、おもしろい叙述の仕方にだんだん及んでゆくということになるであろう。これはおそらく読書の質を高めるための必須の条件と言ってもよいと思う。幸いにも私は、筋を熟知した物語を徹底的に繰り返して読むことによって、知らず知らず自分の読書の質を高めていたように思われるのである。

＊

文体の質とか、文章に現れたものの背後にある理念のようなものを感じ取れるようになるには、どうしても再読・三読・四読・五読・六読しなければならないと思う。何かを感じとるためには反復によるセンスの錬磨しかないらしいのである。

＊

あなたは繰り返して読む本を何冊ぐらい持っているだろうか。それはどんな本だろうか。それがわかれば、あなたがどんな人かよくわかる。しかしあなたの古典がないならば、あなたはいくら本を広く、多く読んでも私は読書家とは考えたくない。まず、二、三年前に読んでおもしろかったと思うものを片っぱしから読みなおしてみられるとよい。そして何冊か読みなおして、おもしろかったらそれだけをとっておき、また来年かさ来年に読みかえしてみるのである。そうし続ければあなたの古典ができ、いつの間にか読書趣味が鋭敏になっており、本物の読書家の仲間に入っていることになるであろう。

『知的生活の方法』

何回も繰り返して読み、その繰り返しがその人にとって長期間続けられているような本なら、それはその人自身の古典と言ってもいいだろう。
今、生きている人々の記憶からほとんど消えてしまった本であっても、どこか面白いところがあり、愛読しているというのであれば、それは自分の古典と言っていい。そうした自分にとって十分に価値のある本に巡り合えることは、人生の大きな幸福でもある。

『すごく「頭のいい人」の生活術』

本を読むという行為は、一つのストレスなのだ。この時、同じ本を読んでも、何の役にも立たない人もいれば、ここから何らかを学びとる人もいる。その違いが気構えだ。一生懸命、何かをつかもうと思って読む人は、ちょっとしたことでも、「いいことを言っている」と感銘し、この積み重ねによって、どんどん伸びていく。成長する人は、成長するのに都合のいい部分を敏感に感じとり、そのことを教訓として吸い取っていく。何でもないことでも、それを教訓として受け取る人は、強い生き方ができる。悩みや苦しみを乗り越える糧《かて》とすることができるからだ。

＊

戦時中、坂井三郎という海軍のパイロットがいた。この人は、ラバウルの航空戦などで、六十四機を撃墜したという空の勇士だ。ガダルカナル上空での航空戦でのことだ。この時は不運にも被弾し、さらに悪いことには失神してしまった。気がつくと、飛行機は海上をひっくり返って飛行していた。この絶体絶命の時に、坂井の脳裏に浮かんできたのは何だったのか。それは、何故か少年時代に読んだ柳生十兵衛の話だったという。柳生十兵衛は父親が投げた小銭が目に当たり、片目を失明する。このような場合、普通の人間なら、小銭が当たった方の目を手で覆《おお》う。しかし十兵衛は咄嗟《とっさ》に「当たった方の目はどうせ駄目だ。ならば、もう一方の目をかばおう」と判断し、見える方の目を手で覆ったという。坂井三郎は、ひっくり返って死の直前にいたにもかかわらず、この話を思い出した。そして柳生十兵衛のように、咄嗟の非常時でも冷静で落ち着いた判断をし、重傷をおいながらも、無事帰還した。十兵衛の話を読んでいなければ、坂井三郎の命の復活はなかっただろう。

確かに、講談的な英雄伝や武勇伝は、作り話かもしれない。しかし、何かを読んでさえいれば、それが、人生のどこかの部分で、何らかの形で役立ってくれるかもしれない。そこでピピッと反応するかどうかは、読んでいるかどうかの違いだけだが、この差は、意外と大きいのだと思う。本を読み自分に合った言葉や名文句を見つけ出すことができれば、それを生きる力に変えることが出来る。このことが人生の道程で、浮かんでは消え、消えてはまた現れてくる。不安や悩みを解く最大の鍵になる。

『「自分」の証明　悩む人ほど、大きく伸びる』

世の中に古典と呼ばれる本がある。これは何度も何度も読みかえされ、時代を経ているうちに残った本のことである。たとえばシェイクスピアは、彼が生きていた時代においては、単に比較的人気のある一人の劇作家にすぎなかった。当時の人の目から見ると、キッドとかマーローとか、ベン・ジョンソンとか、シェイクスピアぐらい、あるいはそれ以上の人気のある劇作家がいっぱいいたのである。ところがそれから二、三百年経ってみるとどうだろう。シェイクスピアは異質なのである。断然ぬきん出ているのである。

そのおもしろさの質が、ほかの劇作家とはまるで違うのだ。どうして、シェイクスピアが異質な天才であることを彼の同時代人はすぐにわからなかったのであろうか。いまならその理由がわかる気がする。つまりイギリス人はその後、何百年間も舞台の上でシェイクスピアを見てきたのである。もちろんはじめは他の作者のものもやっていたのである。しかし時が経つにつれて、シェイクスピアだけはまったく別物だということがしだいに明らかになってきたのである。それは古典が作られるプロセスをまざまざと示している。相当の時間をかけて、繰りかえし繰りかえし上演され、読まれたりすることによって古典となってきたのである。この繰りかえしの間に、まさに繰りかえすというそのことによってイギリス人の劇趣味が発展してきたのであった。そしてシェイクスピアが別格であることが疑う余地なくわかってきたのである。

これはよく考えてみると、私という個人の中に、『半七捕物帳』が古典として確立してきたのと同じ経過をたどっていると言えるのではないだろうか。その秘密は「繰りかえす」、しかも「時間の間隔を置いて繰りかえす」ということにあると思う。「繰りかえす」ということは、子供の読書においても重要なポイントである。そしてこの繰りかえしが二十年も続けられて、しかもそれに耐える本や作者にめぐり合ったら、相当に大きな人生の幸福と言ってもよいのではないだろうか。つまりそういう人は、その人自身の、私の古典を発見したことになるのだから。そして『半七捕物帳』は、だれがなんと言おうと私の古典なのである。

『知的生活の方法』

漱石の『道草』はおもしろいか

漱石の弟子たちが、漱石作品のなかでいちばん讃《たた》えたのは唯一の自伝的小説といわれる『道草』（岩波文庫など）ですが、いま読み返してみると、これはちょっとバカバカしい。周知のように、養父から借金を頼まれた官立大学の先生が悩みに悩むというのが『道草』の粗筋《あらすじ》です。若いときはそれを読んで、なにか人生の深い問題にかかわっているように感じたものですが、私ぐらいの年齢になると、「それがどうした」といいたくなるわけです。だから漱石の小説は『こころ』もふくめて、いまはあまり読む気がしません。
考えてみれば、漱石がいかに偉い人であろうと五十歳で亡くなっているわけです。いまの私より二十七歳も若いときに亡くなっている。とすれば、私の目から見て彼の体験がたいしたものであるはずがないのです。

ところが漱石の漢詩は違います。けっして古びない。漱石の漢詩はいまもって暗唱するに足るし、再読して感激します。俳句もいいと思います。

詩と小説はまったく別物なのです。年齢をとってから読めるような小説はめったに無いけれども、しかし詩や和歌や俳句は、若くて幼稚な人が書いたものでもいいものはいい。このあたりが文学・芸術の不思議なところです。

石川啄木《いしかわたくぼく》など、あんないい加減な男が書いた散文などはバカらしくて読めません。ところが彼の和歌はいい。

詩というのは一定の形式のなかにリズムや情緒や情景や色彩を盛り込んでいるから、それが若い人のものであろうと、千年前のものであろうと、あるいは外国人の書いたものであろうと、優れたものはどこかわれわれ人間の魂を揺さぶるものをもっている

『楽しい読書生活』

のです。

漱石は「自分にとっておもしろいかおもしろくないか」ということを正直に反省して、漢文学と英文学は同じ文学という名で呼んではいけないのではないか、という驚くべき推定をなすに至るのである。

私がかつて考えたのは、漱石が漢文学の例としてあげた『左伝』や『史記』などは元来は歴史であるのに、漱石が大学で勉強したのは西洋の恋愛文学などであるから、そこに違和感があったのではないか、ということであった。しかしここ数年のあいだ、もう一つの要素を考えるべきではないか、と思うようになってきている。つまり漱石は漢文学は「生活」の中で学んだのに、英文学は「勉強」として学んだ、という違いである。

少年漱石が漢文を読んだのは知的生活であったのに反し、漱石の英語の勉強は知的努力であった。漱石は意志が強く、頭も良かったから英語の道でも世俗的な成功をした。しかしそこには彼が少年時代に体験した、あの知的生活がなかったのである。たいていの人はそのへんをごまかしてしまうか、あるいは成功すればそれに満足してしまう。しかし漱石は結局、知的生活にもどるのである。

『続　知的生活の方法』

「学問のあるバカ」にならないために

読書の的確な方法とは何だろうか。それは、自分の境遇に率直に従った読書を心がけることである。自分の中に知的、精神的欲求がないうちは、いかなる名著をひもといても何も蓄積されない。逆に、もしその欲求があれば、何を読んでも心の滋養《じよう》になるであろう。

もちろん、読む本は必ずしも古典や名著といわれるものに限る必要はない。漫画でも童話でも、名著に劣らない価値を持っているものもある。

たとえてみれば、料理をおいしく食べるのと同じである。いくらメニューが豪華であっても、〝食〟への欲求がなければ、つまり空腹でなければ、おいしくは食べられない。食べたい時に、食べたい料理を賞味することが大切なのである。

それから、いつもまずいものばかり食べていると、うまいものの味がわからなくなる。逆に言えば、一度おいしい料理を口にすると、何がまずいのかもわかるものである。これはかなりシビアな原則で、そのまま読書にも当てはまる。私は、常に〝グルメな読書〟をする心がけを持つことをおすすめしたい。

＊

ベストセラーを読むかどうかという問題について考えてみよう。

まず一つ言えることは、その本について何らかの興味を抱いたのならばよいが、たいして関心もないのに、みんなが読んでいるからそれにつられて読む、といった姿勢は好ましくない、ということだ。また、ベストセラーだからという理由でその本を一段低いものと見なし、手に取るのを避けるのも愚かである。なかにはインテリぶってそういう本を一段低く見なす人もいるが、そんな人に会うたびに、私は母から聞かされた言葉を思い出す。

「ただのバカはいいが、学問のあるバカは困る」　『すごく「頭のいい人」の生活術』

本は汚すものである

夏目漱石の蔵書は現在、東北大学に所蔵されているが、それを見ると、その書き込みの多さにびっくりする。なにせ、漱石の場合は、欄外への書き込みだけを集めて本が一冊つくられているほどだから、その量の多さは想像がつくだろう。

図書館で借りた本は、皆で利用するのだから、汚さずていねいに扱わなくてはならない。また、自分のものでも歴史的に価値のある貴重な本ならば話は別だろう。

だが、通常、本はさまざまな知識や情報を得るための〝道具〟だ。道具だとするなら、使い込めば使い込むほど味が出てくる。そして、ここでいう「味」とは、本の中への書き込みである。

私自身、本を読みながら、何か感じたことがあれば、各ページの空いているところにさまざまな書き込みをしている。線を引いたりマーカーで色をつけたりすることもある。

さらに、問題の箇所、気になった部分があるときは、そのページの数字を表紙の裏などに書いておいたりもする。あとで見たとき、何が書いてあるかわからずに困るのは自分だから、なるべくていねいに、きれいに書く。

＊

こうしたこととの背景として共通しているのは、本はきれいに読むものではない、むしろ汚すものだという認識である。

それさえはっきりさせておけば、折ったり貼ったり書き込んだりなど、方法はさまざまであっても、読んで感じたこと、考えたこと、同意なのか反対なのか、疑問を抱いた点などを、あとのために明確にしておくことができる。すると、この本は単なる一情報ではなく、自分だけの「血の通った資料」になる。

「あとのために」と書いたが、その「あと」は来なくてもよい。読んだときは「あと」が来ると思っていても、忙しくなったり、別のテーマに関心が向いたりして、結局その本とは二度と接することがなかったなどという例は、私も何度となく経験している。しかし、それだって一向にかまわない。その蓄積があるかないかが、どれだけ大事かは、賢明な読者ならあえていうまでもないだろう。

『実に賢い　頭の使いかた37の習慣』

人生の理想的な終結

少なくとも私にとって、読書の大部分は、単にインフォメーションを得るためになされるのではない。その著者と総体的につき合うことなのである。このことをはっきり認識する時、私はいつも慄然《りつぜん》たる思いをする。というのは、私がすでに持っている交際範囲、それにこれからひろげたいと思っている交際範囲——つまり読みたい本——はほとんど無限にひろがっているからである。

「これらの本の著者たちとつき合うためには、生きている人間とのつき合いを削減しないといけないな」という結論に到達しているが、実行するのはそれほどやさしくない。

＊

結婚式その他のパーティーにはつとめて欠席する。決心を固くして断り続けるのであるが、そのうち「こんなことをしてよいものだろうか」と反省が湧いたりする。たまたまそういう時期に招待状が来ると「出席」と出したりするから、どうも自分ながらすっきりしないでいる。

卒業生のAさんの結婚式には出てBさんに出ないといかにも依怙贔屓《えこひいき》に見えたりするのだが、実のところは、原則として出ないことにしているのに、妙に気の弱る瞬間があり、そういう時は自分の原則に自信がなくなり、ふと出席と書いてしまい、あとで欠席した他の人々に悪かったと猛烈に後悔するのである。生きた人とのつき合いを減らすことは、増やすことよりも、はるかにはるかに難しい。『知的対応の時代』

人は必ず死ぬが、理想的な死に方も個人によって大いに異なるだろう。フィリピンのアギナルドの独立運動を助け、孫文の革命（満洲族王朝である清朝からの独立運動）を助けた宮崎滔天《とうてん》の母親は「男は布団の上で死ぬようであってはなりません」と教えたという。武士の家や戦前の軍人の家では同じようなことを言われた例が少なくないはずだ。「靖国神社で会おう」と誓い合って死んでいった若者たちもいる。

では平和な聖代《せいだい》の逸民《いつみん》である私の理想としたいのは誰か。それはスイスの哲人とも賢人とも称されたカール・ヒルティの死に方である。その時七十六歳（今なら百歳以上に相当）のヒルティは、いつものように朝の著述をして、ジュネーヴ湖畔のいつもの小径《こみち》を娘のエデットと散歩した。十月中旬のスイスの秋空は澄み切っていた。そして宿泊していたホテルに帰ると、いつもより疲れを感じたので、娘にミルクをあたためてもってくるように頼んでソファに横になった。まもなく娘が温かいミルクを持ってきた時、彼は苦しんだ様子もなく息をひきとっていた。机の上には平和論の原稿があった。彼は平生こう言っていたという。

「人生の最後の一息まで精神的に活発に活動し、神の完全なる道具として仕事中に死ぬことが、秩序正しい老年の生き方であり、人生の理想的な終結である」と。

彼はその平生自分が理想としていた死に方をした。

＊

ヒルティの晩年に私は憧れてはいるが、一つ気にかかっているイメージがある。それは国際ビブリオフィル協会（簡単に言えば古本好きの国際的協会）の集まりの時、ドイツかオランダの蔵書家の家で見た絵である。それは骸骨が机に向かって本を読もうとしている姿を示していた。家内は「ぞっとする」と言ったが、私は「いいなァ」と思った。家内でも娘でも嫁でも孫でもよいが、食事に私を呼ぶために、書斎に迎えに行ったら、本をひろげて死んでいたという光景は、私の「本望」でありすこぶる好ましいように思われるからだ。

『知的余生の方法』

第二章

一生の友人を選ぶ

いい友人を持つ条件

人と人との交際は、結局「類は類を以《も》って集まる」のだと私は考えている。この「類を以て集まる」というのはかなり的確な表現で、つまり自分と相似たレベルの、自分が好むような人が何となく集まるということである。これが交友関係の鉄則であると思う。だから、自分がいい類に加わろうと思ったら、必然的に自分を高めていかねばならない。また自分が高まろうとしなければ友達だって高まるわけがないことになる。みな心の底では「自分より劣った者とはつき合うな、すぐれた者とつき合え」と思っている。だからそういった〝類〟の中では、とにかく自分もある点では、「あいつ立派だな」と思われる所がなければいけない。そのためには常に自分をより高める努力をしなければならない。そうでないといい友達はできないのである。結局は自己を高めることがそのまま、いい友達にめぐり合えることにつながっていくことになる。

＊

つまるところいい友人というのは、気質の合った人間ということだと思う。小学校や中学校のときから何となく長く続いている友人というものがある。顔を合わせれば軽口をいい合うし、どんなことでも頼めるというような友人、そういった友人というのはたいていい自分とは全く違った仕事をしていることが多いのだが、そのことが自分自身の考え方を広くするのに、非常に役に立つ。職業が違うから、当然利害関係が直接働かない。気楽に何でも話し合える。だからかえって参考になる話が多く聞ける。

こういった友人というのは別に多く持つ必要はない。それこそ一人でも二人でもいいわけだが、ただ、各々の仕事の分野でそれなりにちゃんとやっている人間であることが必要だ。大人になるとどうしても仕事をかっちりとやれない人間を尊敬することは難しくなるし、また人生に対する洞察も、普通、職業に精励している間に生ずるものだからである。職業に成すところなくして立派な人がいることも否定しないが、それはむしろ例外と考えておいた方がよいであろう。そういう友人なら、道は大いに違っていても、ひとたび会えば時間をとび越えて昔に帰り、気楽に自分自身を語ることができる。自分自身を語ることで気づかなかったり忘れていた〝自分〟がわかってきたりする。自分を知るということが自己を高めるための第一歩なのだから、こうした友人がいるということがありがたいのである。

『自分を生かす』

渋沢栄一のイメージする「益友」

人間には三人の〝刎頚《ふんけい》の友〟が必要といわれる。師と仰ぐ人、同じレベルの人、自分より下位の人――この三人の〝刎頚の友〟を得て、はじめて人間関係を豊かなものにすることができるのではないだろうか。

『新・知的生活の方法　ものを考える人 考えない人』

「友達には益友と親友がある」と渋沢栄一は言っている。

論語の中には「己に如《し》かざるものを友とすることなかれ」とあるが、それほど厳格に考えると、友達などいなくなってしまう。しかし、そこまで厳しく求めないとしても、歓楽のような悪い遊びに誘うのは悪い友達であるし、同様に、おべっかを使うのも悪い友達であるとしている。

ここから考えると、渋沢のイメージする良い友達というのは、正直であり、悪い遊びに誘ったり、お世辞を言わない友達であるということになる。これは指摘されるまでもなく、わかりきったことなのだが、実生活の中では、わかっていてもうまくいかないことも多い。だから、あえて友達を選ぶ重要さを指摘しているのである。

『渋沢栄一　男の器量を磨く生き方』

私の場合、友人というのは、やはり自分よりも優れているところがある人物である。また、人生についての常識が富んでいる人である。逆に、私自身、相手に「これは」というものを与えることがなければいけないと思う。すべてとは言わないが、特に大人の友人関係には、そういった「教え、教えられる」という緊張感がなければならないように思う。

伊藤博文と井上馨の友情《フレンドシップ》

友情は、英語ではフレンドシップ（friendship）である。

しかし、日本の場合、このような友情というのは、実は江戸時代にはあまり成立しなかった。付き合いが非常に限定されていたからだ。近代になって学校が発達したり、職業が自由になったりしたおかげで、西洋的な意味での友情が生まれていったのだと思う。

その典型的な例を、私は明治の元勲《げんくん》、伊藤博文と井上馨《かおる》に見る思いがする。この二人は若い頃、幕府の時代に藩命によってイギリスに留学した。今みたいに飛行機ですぐ行ける時代ではない。苦労を共にして、やっとの思いでロンドンに入ったのだと思う。

だが、下関事件（一八六四年）の報に接するや、他の留学生たちは留学を続行したにもかかわらず、二人は急遽帰国、国事に奔走するようになる。維新が成ってから、井上はその功労者の一人なのにもかかわらず、財閥との結びつきが発覚したりして、とかく評判が悪かった。にもかかわらず、伊藤はその後もずっと、井上を取り立てた。二人の間には、何が起ころうとも信頼しあう絆みたいなものが出来上がっていたように見える。

思うに、下関事件の報に接して帰国するその船中で、国への思いや、国のあり方などさまざまなことを語りつくし、意見を戦わせ、根本的な考え方の一致をみていたからこそだったのだろう。

「同じ釜の飯を食った仲」とはよく言うが、若い頃に個性をぶつけあって、侃々諤々《かんかんがくがく》、ワイワイガヤガヤやった仲間というのは、なかなか忘れがたく、友人関係も続くものだ。受験勉強だけの付き合いでは生まれない、人間としての絆が出来上がるのかもしれない。

『知的余生の方法』

嫉妬とかげぐち

自分より優れた人間に後れを取った場合、まず嫉妬心が先に立ち、相手の失敗を願うようなことになりかねない。こんな嫉妬心は、結局は自他共にマイナスである。そんな時、いかに自己の向上にプラスになるように気分を切り替えるか、という心術を工夫する必要があるだろう。

例えば、勉学でライバル関係にあったとする。このライバル関係をプラスに生かすことを考えてみよう。まず第一に、ライバルのことは頭からはずす。そして、講義で教わることは何から何まで徹底的にマスターし、学期の終わるころにはその科目については教師と対等か、もしくはそれ以上の知識を身につけ、一科目残らず満点を取ることを目指す。そして試験になった時に、どのような問題でも正確に答えられるようにする。

これならライバルの失敗を期待するようなマイナスの姿勢を超越することができ、自らのペースで道を拓くことが可能である。これは仕事でもまったく同じことが言える。

私の場合も、競争相手の不幸を願わないですむように、そうした考え方に基づいて大学生のころはひたすら自己の修養に努めたと思う。まったく成功したわけではないが、ライバルを嫉妬するよりは、よい刺激として受けとめるほうに努力していたことは確かである。そしてこの姿勢は、今日においても、私自身における学問や生き方の指針として大切にしている。『新・知的生活の方法　ものを考える人 考えない人』

友達関係で一番重要なことは、その人に関して妙なことを断固として言わない、ということだと思います。誉めるほうはいいのですが、そう、人間というものは誉めることばかりできるものではないですから、このことはあまり考えなくていいでしょう。断固悪口を言わないというその決心が持てなかったら、友人などと言わないほうがいい。

どういうのがいい友達かというと、これは自分の程度にしかいい友達が出来ないという妙なことがあります。ですから勉強熱心な友達を作りたかったら、自分が勉強熱心になるより仕方がない。誠実な友達が欲しかったら、自分が誠実になるよりしょうがない、といったところがあります。ですから友達が悪くてねなんていうのはバカな話で、向こうのほうもそう言っているに違いないのです。

『学ぶためのヒント』

＊

年を取ってから「つきあいたくない友」

吉田兼好は『徒然草』の中で持ちたい友人について次のように書いている。

「よき友三つあり。一つにはものくる、友、二つには医師《くすし》、三つには知恵ある友」

彼がこれを書いたのがいくつの時なのかはわからないが、若いときならともかく、年齢を重ねてくると、特に六十歳前後になると、兼好とはちょっと違った視点で、人をとらえるようになってくるのではないか。私などは、兼好とは違って「いい友」より「持ちたくない友とはどんな人間か」と考える。

若い時には、考え方が違っていても、友達だからと、ある程度は我慢してつきあえる。右翼的な考え方をする者だろうが、左翼的だろうが、文字通り侃々諤々《かんかんがくがく》にやるのがむしろ楽しかったりする。

けれども、年齢を経てくると、だんだん、基本的な考え方の違う人とはつきあいたくなくなる。我慢できなくなる。一緒にいても面白くない。だから次第につきあいがおざなりになってしまう。日常的なものの考え方とか習慣のことをいっているわけではない。その人が長年培《つちか》ってきた、基本的な思想・信条のことだ。それが違う人とは友情を育《はぐく》めないのだ。

基本的な立場が違う人とは、一緒にいるだけで、気持ちがザワつく。くつろいで話せない。年を取ってからの「ダメな友」の第一は、ベースになる思想・信条が違う人なのである。

＊

二つ目は、収入の違う人。収入というよりも、支払い能力といったほうがいいだろう。若い頃は、だいたいがみんな貧乏だから、そんなことは気にならなかった。ところが、年を取ってくるとそうはいかなくなる。年齢と共に生活のレベルに違いが出てくるからだ。すると、経済状態が、つきあいに大きく作用してくる。経済状態があまりにもかけ離れていると、友人関係を続けていくのは難しくなるものだと思う。

＊

三つ目に大切なことは、教養の差が大きいと、友達としてはつきあえなくなるということ。個人としては教養がいくらあってもいいのだが、友としてつきあう場合には、教養が邪魔になることはしばしばある。こういった時、教養を押し殺してつきあうほど、面倒で面白くないものはない。だから、そういったことを感じさせない人を、やはり友人としては持ちたいものだ。

若い頃、学校の帰りにコーヒーを飲みながら、一時間も二時間も楽しくしゃべっていた友達に、今会ったとしても、かつての楽しさは味わえない。むしろ、退屈で我慢ならないことのほうが多いと思う。年金がどうのとか、再就職先がどうの、あそこの飲み屋が美味いの不味《まず》いのといったレベルの話ばかりだからだ。これが退屈じゃないと感じるようなら、その人自身も退屈な人間になってしまったということなのだ。

人間、年齢に関係なく、知的興味を失ってはいけない。そして、年齢を重ねれば重ねる程、夜を徹して知的レベルの高い話ができる友、そういった楽しさを味わえる友を持ちたいものだと思う。

『知的余生の方法』

第三章

人生を奏《かな》でる音楽

虚空に消える芸術

昨晩、知人のピアノ演奏会に行った。そして音楽家は羨《うらやま》しいと思った。自分の作った音は人を一瞬恍惚《こうこつ》とさせるが、あとは永遠に虚空《こくう》に消えていく。何とすがすがしいことであろうか。

『文科の時代』

虫の声や風の音などの心地よい騒音や、気にならない雑音は、「ホワイト・ノイズ」といって、人間の心をリラックスさせる効果があるらしい。電車の中や喫茶店で勉強がはかどるのは、このホワイト・ノイズのおかげだろう。（バッハやモーツァルトのような）クラシックの絶対音楽には、一種のホワイト・ノイズ効果というものがあるのではないか。浪曲や歌謡曲など、詞がついていて、その意味を考えてしまうようなものは逆効果である。言葉の意味を考え始めると左脳がどんどん動き出してしまう。

左脳による理解は、自分で論理を組み立てたり作り変えたり、ああでもないこうでもないと考えていくから、疲れを感じやすいし、集中力の持続時間も短い。それに、演歌などを聴いていて、別れた彼女や彼氏を思い出したりしたら、リラックスどころではなく、かえってストレスになるというものである。

『知的生活の方法　音楽篇』

黒澤明の『影武者』をテレビで見ましたが、やはりすごいと感心しました。あんな安っぽいもの、と言う人もいるけれども、けっしてそうではない。感心しているのは、どのシーンも「絵」になっていることです。しかも、通俗性はたっぷりある。

また、音楽界でも若い音楽家などは仲間うちで「あの曲は難しい」と言われたものをやってみせたくなるようです。しかし、それでは、普通の人が聞いたらおもしろくありません。やはり、ピアノだったらモーツァルトの『トルコ行進曲』を弾くというう姿勢が欲しい。それなら、上手に弾けば玄人だって満足するし、素人も楽しめるのですから。結局、みんなが喜ぶということに目を向けない人は、玄人筋でどれほど受けていても「真の一流」とは言えないでしょうね。

『人生を楽しむコツ』

留学時代のドイツ民謡

あるときから、ドイツ民謡を好きになった。そのきっかけは、アジアとアフリカの留学生の代表たちがアーヘン（ドイツ西部にある都市）に集まって、そこからドイツ国内のバス・ツアーに出かけたことである。そのときドイツの学生たちは、フォークス・リートといわれるドイツの民謡を合唱した。その歌は民謡というよりも小学唱歌に似ていた。事務局にマリアという明眸皓歯《めいぼうこうし》・金髪碧眼《へきがん》の若い女性がいた。マリアは『すべての小川が流れるように』という民謡を歌った。その歌声は私の心の琴線に深く触れた。その歌の中に本物のドイツがあるように感じられたのである。

＊

当時、一九五〇年代のドイツには、家族そろって夕食後にフォークス・リートを歌う習慣があった。たぶんアップ・ライトのピアノの前に集まって、母か姉の伴奏で、一時間くらい民謡を歌っていたのだろう。まだテレビが家庭に侵入する前の時代だ。そういう家庭に育った学生は、たくさんの民謡を知っている上に、何番までも完璧に覚えていたのである。そして興味深いことに、民謡の歌詞を完璧に覚えていた学生たちは皆、成績のよい人たちだった。

毎晩のように一時間くらい家族で民謡を歌うという習慣は、結果としてドイツ語の詩の暗誦を日常生活の中に持ち込んだといえる。ドイツ民謡は、戦前の日本の小学唱歌に似ていて――というより正確には日本の唱歌がドイツのフォークス・リートやアイルランドやアメリカの民謡の焼き直しを模倣として出発したのだった――名歌詞・名曲が多い。歴史上の出来事をつづった叙事詩的なものもあり、歴史と国語力の両方が、いつのまにか身についていくのである。

そうしたドイツの家庭の伝統や年中行事なども、テレビやゲームの隆盛により、だんだん廃《すた》れていき、今ではほとんどなくなったという。母親を中心に父親と子供たちが集い、一緒に歌を歌うという伝統は、テレビゲームに完全に取って代わられたという。日本人に人気がある『ローレライ』や『菩提樹《ぼだいじゅ》』を歌えるドイツの学生は皆無といってよい。

めくるめく音楽体験

忘れもしない一九六〇年の春頃、赤坂の今の草月会館の裏にあるＯＡＧ（東アジア協会）のコンサートを聴いたときのことだった。ドイツとの文化交流を行っているこの団体が、ドイツ帰りの留学生を招待してくれたのである。チェロの堤剛氏やヴァイオリンの潮田益子さんたちが出演していた。そのときのプログラムの最後の曲目が、メンデルスゾーンの『ヴァイオリン・コンチェルト』であった。

その日も私の耳には西洋の「ガチャガチャ」にしか響かないまま、プログラムが進んでいった。最後の曲になったときである。何か私の脳細胞がいつもと異なる動きをし始めたのだ。そして、体が震えてくるような興奮にも似た波が襲ってくるのであった。魂が揺さぶられるような体験であった。恍惚とした思いで、ステージ上の潮田さんを眺めていた。その彼女のなんと美しく大きく見えたことか。

＊

そうこうしているうちに、もう一つの決定的な西洋音楽との出会いを持つことになる。家内との縁談である。大学の先輩教授の紹介で見合いした相手が、桐朋学園音楽科の第一期生だったのである。当時、彼女は結婚相手の条件として、「音楽がわかったようなことをいう半ちくな素人だけは嫌だ」という考えを持っていた。その点、まだメンデルスゾーンの『ヴァイオリン・コンチェルト』にしか感動したことのない私は、その条件をクリアしたのだ。

名曲喫茶で将来の夢を語っていた私の脛《すね》が、四人の音楽家（妻と子供たち）によってこれほど細くなるということは予想だにしなかった。そして、クラシック音楽と深い縁で結ばれるようになろうとは。しかしそれは太い脛を持つよりもずっと幸福なことだった。

『知的生活の方法　音楽篇』

孤島に持っていくとしたら

「メン・コン（メンデルスゾーンの『ヴァイオリン・コンチェルト』）から始まった私の音楽歴は急速に進歩（?）して、ハイドンまで達する。あるとき、ハイドンというのはなんでこんなにいいのだろうと思ったのである。そのとき、たまたまラファエル・フォン・ケーベルという哲学の有名な先生で、東大では哲学を教え、上野の音楽学校（今の東京藝大）でピアノを教えておられた方の本を読んでいたら、「孤島に流されるとしたら何を持っていくか」ということが書いてあった。この先生はハイドンの四重奏の楽譜を持っていくという。ああ、こういう選択肢もあったのかと、妙に感心したことを今でも憶えている。要するに彼は、譜面を見ると反射的にその音が聴こえてくるのであろう。楽譜を見ているだけでレコードを聴いているのと同じくらいに理解できるというのだから、驚きであった。

一説によると、ハイドンは、愛好家よりも音楽の専門家、指揮者や作曲家の間で評価される傾向があるという。私のような素人が超スピードでハイドンに達したのは珍しいらしい。まずもって音楽の神様のお導きというべきか。『知的生活の方法　音楽篇』

モーツァルトとベートーヴェン

モーツァルトが西欧というワクを超え、時には人間というワクを超えて偉大であるのは、やはり彼を産んだ文化的背景が特異なものであったからである。三十年戦役が終わってから、フランス革命が始まるまでの約百五十年間というものが、人類の歴史に類をみない時代であったことを、（すでに述べたことだが）どうしても再びくり返さねばならぬ。国際法の理念が自然発生的に生まれ、その理念が何ら強制力なしにほぼ完全に守られた時代というのは探し出すことが難しい。当時の人たちは、理性的な人間の規範というものが存在することを信じ、それに従うことをすすんで行った。そういう人たちの耳を喜ばした音楽は、客観的に美しいものでなければならなかった。主観、つまり自分の感興を発表するだけではならなかったのである。

＊

客観的に美しい、ということは、聴き手がいつ聴いてもよい、ということである。モーツァルトは音楽会で聴いてもよいし、喫茶店で聴いても、ホテルのロビーで聴いてもよい。食卓でも、宴会でもよい。教会でもよいし、眠る前でもよい。そして朝飯の時でもよいのである。

『私のモーツァルト』

家内は、台所で料理をしているときにベートーヴェンの曲が流れてくるとイライラするという。モーツァルトやバッハなどのバロック系なら、いい気持ちで仕事がはかどるそうだ。ベートーヴェンは、もちろん曲にもよると思うが、自己主張が強すぎるというのである。「おれの音楽を聴け！　聴かないとぶん殴るぞ！」といった攻撃的な感じがあるのかもしれない。

『知的生活の方法　音楽篇』

音楽会とか、音楽喫茶で、専心して聴く時はベートーヴェンは大いによい。しかしそこにはベートーヴェンの「我」、よく言えば個性が出すぎて、夕食しながら聴くことを許さないのである。おそらく近代の作曲家の音楽の多くは、飯を食いながらは聴けないと思うが、それは「我」を出しているからであろう。モーツァルトはもちろんバック・ミュージックにすぎないのではない。専心して聴いても天国から聞こえてくる音であると同時に、飯を喰いながら、お茶を飲みながら聴いても、胃のためによいのである。

近年、ヴィヴァルディに対する若者の愛好が異常に高いと聞いて嬉しく思っている。というのはヴィヴァルディやバッハからモーツァルトに至る音楽は、国際法の理念が守られた唯一の時代であり、その時代の音楽の好みが強いことは、よき時代の好尚《こうしょう》がわかるという意味だからである。戦後しばらくドイツの学校向けラジオの時間が、毎朝、モーツァルトだけの時間を設けていたのは、さすがであった。モーツァルトの死と共に西欧は残酷な時代に地すべりをはじめたのである。『私のモーツァルト』

ブランデンブルグ協奏曲と雛祭り

わが家ならではの音楽の組み合わせを紹介しよう。緋毛氈《ひもうせん》の雛飾りに合うクラシック音楽というと、実はバッハの『ブランデンブルグ協奏曲』なのだ。お雛さまを飾った静かな部屋で『ブランデンブルグ協奏曲』を流すと、典雅な雰囲気になる。この典雅という芸術形態はそう簡単にできるものではない。歴史的、文化的要素が嚙み合って初めて成立するのである。どうして、このように一見奇妙な組み合わせになったのか。『ブランデンブルグ協奏曲』のできた頃と、雛祭りが一般に流行した江戸期とは、時代背景が実は似ているのではあるまいか。

その頃のドイツは、三十年戦争が終わり、宗教的情熱も沈静化して、戦争ですら礼儀正しくやるような時代になっていた。その中でバロックやロココといった建築様式も生み出され、文化は一挙に高まっていったのだ。その時代と、天下泰平を謳歌《おうか》した江戸時代とは何か共通点があって、同じような背景で生まれたもの同士、引き付けられていったのではないか。

『知的生活の方法　音楽篇』

戦後は文化価値の相対性ということが世界的に言われ出して、芸術の価値も、西洋的な物指しで計ってはならぬ、ということが主張されてきている。

しかしよく考えてみると、アフリカやアジアの土着音楽と、モーツァルトを比較して、それぞれの文化圏においては等価値だ、というのは甚だ不自然と思われる。他の文化圏の土着音楽と比較するならば、ヨーロッパの土着音楽、つまり民謡などと比較すべきである。そして両者ともそれぞれの文化圏においては等しく価値がある、と言うのならわかる。しかしモーツァルトはそれを超えた普遍的な価値があるのであって、アフリカのどっかの民俗音楽とモーツァルトが等価値だ、などと言うのは、センチメンタルな文化相対主義であって、少なからざる害毒を流すものであろう。文化相対説が瀰漫《びまん》しているところでは、偉大な芸術は生じない。

『私のモーツァルト』

音楽を楽しみ愛した江藤俊哉氏

私がコンサートの威力というものを実感したのは、津田ホールで、江藤俊哉さんのヴァイオリンを聴いたときのことである。江藤さんは何人かの愛弟子たちと一緒にベートーヴェンのヴァイオリンソナタ全曲に挑戦なさったのだが、ソナタ『一〇番』になったとき、突然、聴いている私の中で何かが起こって、おのれを失った。ふわふわーと自分が浮かび上がり、空中から江藤さんのヴァイオリン演奏を眺めているような感じになったのであった。

「すごい！　ベートーヴェンは偉大だ！　江藤さんの技術は素晴らしい！」と感激した。そして家に帰り、もう一度、あの空中浮遊を体験したくて、偉い人の演奏する同じ曲のレコードを聴いた。けれども、浮かび上がらない。これはやっぱり演奏会場に足を運んで、生の音楽を聴かなければだめだと、そのとき実感したのだ。あのような体験は後にも先にも、そのとき一回だけであった。

『知的生活の方法　音楽篇』

「朝日新聞」にヴァイオリニストの岩淵龍太郎氏が、亡くなられた江藤俊哉氏についての実に良い文章を書いておられた。江藤氏と共演した時「あんなに楽しく、興奮してバッハを弾いたことはない。音楽を理屈でなく根っから楽しんでいた」という。確かに江藤先生はグローヴの音楽事典にも取り上げられている大演奏家であるが、本当にヴァイオリンを弾くことそれ自体を楽しむ境地におられた方である。

比較的家が近かったこともあって、江藤御夫妻は私の家にも時々遊びにこられた。最初はお茶とか食事とか、あとは雑談だったが、それでは物足りなかったのであろう、ある日からは、江藤先生もアンジェラ夫人もヴァイオリンを持って見えられ、私の娘にピアノを弾かせて合奏されるのである。聴衆は私と家内と息子たちだけである。江藤先生は、食事で愉快に歓談した後は、いい気分でヴァイオリンを弾きたくなるらしかった。大演奏家の演奏を、聴衆三、四人で聴くという夕べを何回も与えられたことは何と贅沢《ぜいたく》なことであったろう。

江藤先生はヴァイオリンの世界では孔子の考えた最高の心境（「道に楽しむ」という境地）に達しておられたのである。私の還暦のパーティの時も、御夫婦でヴァイオリンを携えて会場にこられて演奏して下さった。それは思いがけないサプライズであった。江藤先生は御自分の演奏の商業的価値に全く無関心だったのではなかろうか。私がそのサプライズに金銭的謝礼ができるわけもなく、感謝の言葉という報酬しかさし上げることができないことは知っておられたはずなのである。

ピアノの大家ホロヴィッツも江藤先生のような人だったらしい。自宅に友人が集まった時は、演奏して聴かせたそうだ。自宅のパーティでも、興に乗って弾きたくなったのだという。そこにいた人たちはどんなに感激したことだろうか。ホロヴィッツの演奏は、本当にピアノを弾くことが楽しくて、弾かないではいられない人の芸術だったのである。

芸術も学問も、楽しむ境地に至らないと本物でないのだ。本当に楽しむ境地の人の作品や演奏や言葉や行動からは、人の魂を揺り動かす何ものかが出ているのではないかと思う。

『知的余生の方法』

インスピレーションと肉体

変化はそれだけで刺激になる。

指揮者の小林研一郎氏は、同じ曲目、たとえば、五日間連続の「第九」演奏会のときは、五日とも違う指揮をするという。

毎日同じテンポでやっていたら、オーケストラがマンネリになってしまう。同じ楽譜でも「次はこうだ」と思われないように変えていくのだ。

私たちも、日によってあれこれ変えながら、記憶細胞をさまざまな方向から刺激するようにしたい。そうした刺激が、記憶力の活性化に役立つのは間違いない。

＊

小澤征爾氏は毎朝早くから起きて、楽譜を自分の手で書いていたという話を聞いたときは驚いたものである。小澤氏といえば、世界でも超一流の指揮者だが、その小澤氏がかつてボストンで指揮者の勉強をしていた時代のことだそうだ。

小澤氏にいわせると、これは当然のことだそうで、楽譜を書いてみることで楽想をつかみ、それにしたがってタクトを振ると、同じ指揮でも出来がまったく違うのだという。

そういえば、古代漢字研究の第一人者、白川静先生もまた、同じようなことをされていたのを思い出す。白川先生は、漢字の「起源」の研究については、本場シナの専門家も足もとに及ばないほどの方だが、甲骨《こうこつ》文字をすべて自分の手で書いたというのである。要は、漢字に関する感覚を生理的なレベルで自分のものにされたのだ。

どんな（スポーツ）選手も、肉体を極限まで痛めつけるような練習に励んだ上にさまざまな実績を残している。小澤氏や白川先生も、そうした部分をないがしろにしなかったというわけだ。結局、頭脳も体も、使い込まずして鍛えることはできないのである。

『実に賢い　頭の使いかた37の習慣』


われわれは、文学作品であれ、絵画であれ、音楽であれ、「芸術」といわれる分野のものは、インスピレーションによってできあがると思いがちである。もちろんインスピレーションがなくて芸術作品が生まれるわけはないが、「作品」と名のつくものは、その大部分は機械的《メカニカル》な作業であることを悟らない人は、知的生産には無縁にとどまるであろう。インスピレーションそのものと思われやすい音楽も、その作曲家にとっては、楽譜に書かないことには話にならないのだ。オーケストラのための楽譜を書くとき、演奏すれば十分ぐらいの部分のために、作曲家は何時間音符を書き続けることか。

『続　知的生活の方法』

ＮＨＫのテレビでマウリツィオ・ポリーニのピアノ演奏を見た。神秘的な感じのする天才として有名な人だった。コンクールで優勝してから十年近くも世に出ないで勉強一筋だったとか、平気でドタキャンをするとか。その肖像写真を見たのは随分《ずいぶん》前のことだった。

ポリーニは私の頭の中で若くて精悍《せいかん》な人としてイメージされていた。しかしテレビで観たポリーニはもう老人だった。よぼよぼしてはいないが、歩き方は老人そのもののだった。ピアノ演奏は素晴らしかったが、弾《ひ》いている時の顔には期待した陶酔感はなかった。天才なら演奏中に時にそれを示すだろうという期待をもった私の方が悪かったのかも知れないが、ポリーニは若い時からもっともっと人前で弾くべきではなかったか。芸の完成を求めていても人は年齢を重ねるのである。『知的余生の方法』

名曲喫茶の衰退

それにしても名曲喫茶の衰退は惜しまれてならない。音響効果のいい機器が家庭用に開発されて普及したためといわれているが、スペースの点でも名曲喫茶は、家庭の居間の比ではない。天井が高く、ステンドグラスから日が差し込み、ゆったりした座り心地のいいソファーが置かれている。そこでリラックスして聴く名曲の数々は、まことに身体中の細胞の一個一個を生き生きとさせてくれた。

それでこそクラシックの真髄がわかろうというものだ。西洋の王侯貴族の城のホールやサロンでの演奏を前提として作られた曲が、日本のふつうの家の狭い居間に合うはずがない。食事どきともなると醤油の煮えた匂いが漂ってくるような空間に、モーツァルトやベートーヴェンは似合わない。三味線や小唄が大ホールに似合わないのと同様だ。

名曲喫茶での会話はささやくように低く交わされていた。会話の声の高さは教養と社会階級に反比例する、と英国の『知的生活』の著者ハマトンも言っているが、当時名曲喫茶で静かに目をつぶって思索にふけったり、本を読んだりしていた人たちは、社会階級はともかく、教養を求める人たちであった。直接照明と大音量のBGMと大声での会話によって喧騒《けんそう》の坩堝《るつぼ》と化した現代のファストフード店内と比べて、名曲喫茶が盛んだった時代は、それだけ世の中が教養や思索を求めていたということではないか。私の純粋音楽歴の中で名曲喫茶が果たした役割は非常に大きい。

『知的生活の方法　音楽篇』

第四章

仕事のスキル

まず「始める」こと

内なる怠惰の克服が時間を得る最大の方法なのです。だから、あらかじめ考えをまとめる時間が欲しいとか、仕事についてあれこれ考えるというのは、多くの場合、仕事逃れの口実です。ある程度は仕事を始めてから考えていいのです。

『できる人になる生き方の習慣』

カール・ヒルティは、『幸福論』の中で〝仕事の上手な仕方〟について、次のように述べている。

「まず何よりも肝心なのは、思い切ってやり始めることである。仕事の机に座って、心を仕事に向けるという決心が、結局は一番むずかしいことなのだ。一度ペンを取って最初の一線を引くか、あるいは鍬《くわ》を握って一打ちするかすれば、それでもう事柄はずっと容易になっているのである。

ところが、ある人たちは、始めるのにいつも何かが足りなくて、ただ準備ばかりして（そのうしろには彼らの怠惰が隠れているのだが）、なかなか仕事に取りかからない。そして、いよいよ必要に迫られると、今度は時間の不足から焦燥感に陥り、精神的にだけでなく、時には肉体的にさえ発熱して、それがまた仕事の妨げになるのである」

つまり、多くの人が口にする便利な言いわけとしての「時間がない」というのは、結局、仕事逃れの口実にしか過ぎないと言い切っているのである。人はいやな仕事、やっても愉快ではない仕事は、つい後に延ばしてしまう傾向があるものだ。ヒルティは、「一番の時間の浪費は先延ばしにある」とまで明言している。

『すごく「頭のいい人」の生活術』

「除日《じょじつ》（大晦日）に講《こう》を起こす」という言葉がある。

大晦日の日に、林羅山のもとに「来年から弟子にしてください」と訪れてきた人に対し、「じゃあ、今日から講義を始めよう」と羅山は応じたというのである。

「今度やりましょう」ではなく、「いますぐ始めよう」という気持ちで臨むのと、そうでないのとでは、同じことをしても、その後の進み具合はまったく違う。

＊

世の中、しなくてはいけないとわかっていても、実際にそれをすぐに手がける人は意外と少ないものだ。たとえば、手紙や連絡をすぐくれる人がいかに少ないかを見ればわかる。若い時にこれができれば、それだけで信用がつく。

決まった時間に決まったことをする——一見ばかばかしく思われる習慣だが、本質的に怠け者の一面を持っている人間は、こうした単純な習慣を続けることで、地道にではあるが、有為なものを蓄積していくことができるのではないか。

いずれにせよ、仕事・勉強など、やらなければならないことが差し迫った場合は、それに取り組む条件・状況を強制的につくり出すことも、ときには必要である。

『実に賢い　頭の使いかた37の習慣』

農夫的勤勉さで働く

物語詩人も小説家も画家も作曲家も、知的生産にあたっては、かつての農夫が農作物生産のために、毎日長時間、鍬《くわ》をふるい、鋤《すき》を使ったように、原稿用紙や画布や五線紙に向かってペンや絵筆を使うのである。

＊

「エジソンは、発明は九分の努力《パースピレーション》（＝汗）と一分の霊感《インスピレーション》といったというが、もっと正確にいえば、汗《パースピレーション》をかいているうちに、汗とともに霊感《インスピレーション》も出てくるのではないか。

＊

「仕事をする技術」というのは、確かにあるのであって、しかもそれは末梢的なテクニックではない。機械的に働く習慣である。

『続　知的生活の方法』

つらいこととおもしろいこととは、必ずしも反対概念ではない。遊びのつもりでやったものはすぐ飽きたり、ある程度やるとやりたくなくなるということが起こるが、職業と決めたものは熱心になれば必ずおもしろくなる。仕事というのはそういう特徴を持っていると思います。

いまは労働を重んぜず、もっと遊べという主張をする風潮があります。もしも軽々《けいけい》に余暇に浮かれるならば、その人は本当におもしろいものを知ることなく一生を終わるのではないでしょうか。

『人生を楽しむコツ』

絶えまなく仕事をすることに満足を見出すためにぜひとも必要なことは、むやみな野心を持たないことです。野心は元来、仕事を欲するというよりは、むしろできるだけ早く人目につくような成功を欲しがるところから生ずるからです。

『できる人になる生き方の習慣』

常にきちんと使っていないとダメになることを教えるときに、西洋では「錠《じょう》は使っていないと開かなくなる」とよく言います。日本では「井戸は使わないと涸《か》れる」と言ったほうがわかりやすいでしょう。私の家と家内の実家は車で十五分ぐらいの距離で、昔は両方ともに水道が来るのが遅れていたので、井戸を使っていました。そのうちに水道が来ました。すると、家内の実家は井戸を止めた。うちはたまたま鯉を飼っていたものだから、井戸を止めなかった。すると、こんこんといい水が出続けました。そのうちに妻の実家でも「井戸を使おう」と考え、ポンプを動かしたのですが、どうやったって水が出てこない。井戸というのは使わないと涸れてしまうのです。逆にどんどん使っていると、水は湧き出てくる。人間の頭も同じで、徹底して使っていると新しいアイデアが次々に湧いてくるし、使い惜しんだり、使わなくなると、とたんにダメになってしまうものなのです。

『人生を楽しむコツ』

一般的に本をたくさん読んでいる人は、話を聞いていても面白い。一つの話をするにしても語彙《ごい》が豊富なばかりでなく、比喩表現が巧みで、聞いていて飽きないし、想像力を刺激してくれる。

それから、読書というのは物事について、さまざまなアングルから多彩な理解を試みる手助けをしてくれるわけで、これは仕事にとっても有益である。こうしたことは、「発想の乱反射」とでも言うべきものである。

そして、「乱反射的な発想」は、通常の仕事に直接的に役立つことはないが、その代わり人間としての魅力や機知を磨くうえでは抜群の効力を発揮する。会話の仕方にしても、企画書などの文章の書き方にしても、一味も二味も違いが表れて、自分という人物の評価を高めることができるであろう。

すなわち、巡り巡って仕事の幅を広げてくれるのである。農業を営む人たちが作物を育むように、独自の認識や発想の芽、それにゆったりとした大らかな心を育んでくれるのである。


『すごく「頭のいい人」の生活術』

仕事が楽しくてしかたのない人

いかなる仕事をするときも趣味を持たなくてはいけない、と渋沢栄一はいいます。この趣味とは、仕事の他に何か楽しみを持つという意味ではありません。心の底から自分の仕事を好きになり、「この仕事はこうしてみたい」「こうすればこうなるだろう」というように、理想や欲望を加えていくことをいっています。

これはまさに『論語』雍也《ようや》篇にある

「之を知る者は之を好む者に如《し》かず、之を好む者は之を楽しむ者に如かず」

という孔子の言葉と同じです。

仕事でも勉強でもよく知っているのはいいことだが、それが好きだというのには及ばない。好きであるのはいいのだが、それを楽しむのには及ばない——つまり、仕事でも勉強でも楽しむ境地にまで達すれば本物で、これが趣味の極致なのです。仕事であれば、それを楽しむ境地に至れば一流の経営者となり得るでしょう。

＊

スイスの哲学者カール・ヒルティは「一所懸命やると楽しくなるのが仕事の本質である」といっていますが、会社の経営者と多くの一般社員との違いはここにあります。社長はだいたいどんな苦労でも楽しむものですが、社員は仕事を知り、仕事を好きになるところまでで終わるケースが大半です。

仕事が楽しみになれば、時間も名誉も金銭も超越することができます。ゆえに、仕事を楽しめる人は本当の経営者になれるのです。

『渋沢栄一「論語と算盤」が教える人生繁栄の道』

世の中には、自分の仕事が面白くてしかたのない人と、自分の仕事は少しも面白くなくて「この仕事は自分に合わない」といつも考えている人がいます。そして、仕事が面白くないほうの人は、こんな仕事は早くやめて自分に合った仕事をしたいと考えているはずです。

営業マンの仕事を外から見ていると、取引先の人とか、時には知らない人に対しても頭を下げて売り歩くだけで、何が楽しいのだろうと思うかもしれません。実際に営業の仕事をやった人の中には、頭を下げるのが苦痛で苦痛でしょうがないといって辞めてしまう人も大勢います。

しかし、トップ営業マンと呼ばれるような、年間に何億円も稼ぐような人は、考え方が違います。自社の商品を人に勧めるのが楽しくて仕方がないのです。他社の営業マンが行っても全く受け入れられなかった頑固なお客さんが、自分が行ったら商品を買ってくれた。最初は相手にしてくれなかったお客さんが、すっかり自分を信頼してお得意さんになってくれた。そうしたところに何ともいえない喜びを感じていたりします。

ここで非常に大切なことは、こうした喜びを感じるのは、一生懸命仕事をやっているからだということです。嫌な目にあうとすぐに「この仕事は面白くない」と思ったり、それですぐに辞めてしまうような人は、決してこうした喜びを味わうことはできません。

「仕事が面白くない」「自分に合っていない」という人は、多くの場合、辛抱《しんぼう》ができないだけではないでしょうか。もしそうなら、いくら転職してみたところで結果は同じです。「この仕事も面白くない。自分に合わない」といって、また別の仕事を探すことになるでしょう。

『「思い」を実現させる確実な方法』

渋沢栄一は多くの青年を使ってみた感想として、「仕事らしい仕事を与えてくれないからつまらない」「用事がなくて身の置き所がない」といった嘆きの声をよく聞くといっている。しかし、こうした不満は、自分の無能を吹聴《ふいちょう》していると同じことである。役に立つ青年というのは磁石のようなもので、人に頼んで仕事を与えてもらわなくても、仕事のほうから寄ってくるような力がある。「桃李《とうり》言《ものい》わず、下《した》自《おのずか》ら蹊《こみち》を成《な》す」という古人の言葉があるように、黙っていても忙しくてたまらないというほど仕事は寄ってくるものである。

＊

小さな仕事でも、仕事を与えた人から見れば、重要な仕事である。実務上、つまらない仕事など一つもない。仮につまらないと見える仕事でも、一所懸命やるような人でなければ、責任を持って仕事をする人とはいえない。ゆえに自分にはろくな仕事がないと不満を言う人には重要な仕事が与えられないのだということを、青年はよく考えなければいけない。

『渋沢栄一　人生百訓』

ヒルティは常に「愉快な気分」ということを重視しております。どんなに哲学的に偉くても、陰鬱な気分になるような哲学ならろくでもない哲学に決まっていますし、どんな宗教家でも、その結果として陰気になったりしたら、これまた駄目です。いつでも晴朗な気分でなければならないとヒルティは考えていました。

彼は、これという教養がなくて、しかも単純な、はたから見れば退屈そうな貧しい人でも、毎日楽しげに働いている人たちに対しては尊敬心を持っていました。と言うのは、楽しく働けること自体が非常によい精神的生活を送っているので、その人たちの宗教、あるいは人生観はよいということなのです。だから、元気と愉快というのは、人生においてきわめて重要です。ヒルティ自身が常に快活で愉快な気分の人であり、周囲の人にもそれを起こさせるような人だったようです。

『できる人になる生き方の習慣』

労働と休暇

「余暇」というのは、自分自身の人生そのものであると認識することが大切だ。なぜなら、自分自身が自由にそれをどう過ごすか決められるからだ。それが大満足の時間であったとしても、不満いっぱいの時間であったとしても、その責任を取るのは自分自身。働いている時間は他人に売った時間であり、思うままに過ごすことはできない。

自由に過ごすことができる余暇は、だからこそ、貴重なのである。

＊

休日はただ家でゴロゴロすることに決めている、などと言うなかれ。余暇はあなたの人生そのものの反映なのである。だとしたら、どうすればいいのかがおのずと理解できるだろう。

リクリエーションという概念は、産業化が進んだ十九世紀末から二十世紀にかけてのイギリスで生まれた。すなわち、都市に住む労働者たちが、劣悪な生活環境を強いられ、そのため健康も害している。そこで、リクリエート〝再生産〟するために、休養する場所や時間を設けようというものだった。

しかし、「余暇」は単なるリクリエーションとは違う。余暇は、本質的に「規律ある余暇」でなければならないだろう。精神性をともなった余暇であり、例えば、座禅を組んだり、お茶をたしなんだり、将棋や囲碁を楽しんだりといったことは、その典型的なものだろう。

長期間にわたって余暇の時間を持てる人は、基本的に規律ある余暇を心掛けなければならない。ただ単に無為に過ごすなら、限りなく堕落してしまうからだ。

＊

ビジネスマンが自律的な時間を創造できるか否かは、仕事以外に「志」があるかどうかが決め手となる。これはもちろん、本職としての仕事をおろそかにするということではない。

他律的な時間としての仕事に情熱を傾けることができるからこそ、自律的な時間の価値がわかるからだ。自分の仕事も満足にこなせないようでは、自律の時間に何をしようとも、真に有益なことはできないに違いない。『すごく「頭のいい人」の生活術』

バカンスというのは一カ月ぐらい休むわけです。これはヨーロッパでは習慣になっています。日本はまだそれほど休みません。アメリカもそんなに長く休ませません。そうすると、てきめんに経済的な差がついてきます。これという天然資源もなく国土の七割もが人の住めない山地である日本のGNPが、あれだけ先進国で豊かだったイギリス、ドイツ、フランス三カ国を合わせたよりも大きいというのは恐ろしいことです。

＊

これは休暇の価値を否定しているのではもちろんありません。しかし、休暇と仕事と対立させて、二律背反でどちらかがよくてどちらかが必要悪だなどと考え始めたらいけないということなのです。ところが、仕事を必要悪と考える種がヨーロッパには播《ま》かれていました。それは、『旧約聖書』で、アダムがリンゴを食べて楽園追放になる時、神様が「アダムよ、お前はこれから額に汗してパンを得なければならない」という趣旨のことを言ったからで、「労働は罰」という意識がどこかにあるのです。

今度は社会主義が出てきますと、労働搾取《さくしゅ》という観念が非常に普及して、いつの間にか労働は少なければ少ないほうがいいという観念になります。しかし、労働は悪で、何もしないのが天国に近いのだとなると、結局、ヌーディスト・クラブになります。これは、彼らが意識するしないにかかわらず、「失楽園」以前の楽園です。

しかし、ヒルティは、「そんなものではない。正しい仕事の仕方をすることこそ、人間を向上させ、健康を維持させ、そして、充実した生活のもとになるのだ」と言ったのです。

*

西洋文明がある時点まで行って急にパーッと高くなったのは、「六日働いて一日休むという、その習慣が社会に定着して、それが蓄積して、ある時、爆発的な文明の勃興が起こったのだ」という説があります。

だいたいにおいて六日働いて七日目は休養するというのは、体を健康に保ち、悪習慣を初めから不可能にすることで、これは一つの知恵だと思います。

私は少し休みすぎると頭が痛くなりますが、仕事をしていて頭が痛くなったりすることはまずありません。テレビなどでも、最近よく「この道六十年」などという職人などの映像が映りますが、実にいい顔をしています。あの人たちは週休二日制ではなくて、一カ月一回ぐらいの休みで青年時代をやってきたはずです。老人の顔が、彼が経てきた歳月の質を示すとすれば、勤勉に仕事をする習慣、これがああいういい顔を生むと思います。

昔の職人は朝早くから夜遅くまで働きました。それが五、六十年ぐらい続いた人たちは、独特の境地に達している。むしろ、修養専門の高僧などよりも悟っているのではないかと思われます。

『できる人になる生き方の習慣』

アイデアは仕事中に浮かぶ

ヒルティはまた、「もっともいい考えは仕事の最中に、しかもしばしば、今やっている仕事と別の仕事をしている途中で浮かんでくることがある」と言っています。これは非常に面白い言葉です。ある人の言葉として、「聖書の中では、仕事をしていない人に天使が現れた例は一つもない」と述べたこともあげていますが、確かに、仕事をしている時のほうがアイデアが湧きます。これは物を書いた経験のある人はわかることだと思いますが、書いているとアイデアが湧いてくるという感じです。おそらく事業をする人も、ある事業をやっている時にアイデアが湧くのだと思います。仕事をしながら、ひょっとほかのことをした時に、「あっ、あの仕事はこうしたほうがいい」というようなことが浮かぶ。おそらくそういうものなのでしょう。

『できる人になる生き方の習慣』

商売をする人にしても、やはり一生懸命やっているうちにひらめきが出てくるのではないでしょうか。ただし、そこで注意を払う必要があるのは、同じ努力でもマンネリの努力とマンネリでない努力があるという点です。一生懸命にやっているとマンネリになりやすいのですが、マンネリになってしまうと、ひらめき、思いつきは出てきません。だから、マンネリにならない工夫が必要でしょうね。たとえば、「もっといいものはないか」という意欲がマンネリにならない一つのカギを握っているようにも思います。

『人生を楽しむコツ』

大きな仕事の陰に毎日の蓄積がある

漫画と言えば、元来は文字どおり「漫然と画く絵」であって、特別の準備だとか資料は要るようには思われない。しかし今日の漫画や劇画はそんなものではないらしい。たとえば「ゲゲゲの鬼太郎」の産みの親の水木しげる氏は、二十五年かけて一億枚ぐらいの写真やスクラップを集めたという。それが変死体とか、残虐な殺人現場とか、留置場とか、刑務所とか、うす気味悪いところをかくときの資料なのである。現実は劇画よりも奇々怪々で凄《すさ》まじく、それを見せられた人は、水木邸を後にしたときはそれほど思わなかったのに、しばらくたったら震えがきて、二、三日のあいだ、悪夢を見つづけたそうである。お化け劇画で第一人者の水木氏の作品の質は、こうした地道な特殊資料の蓄積によって支えられているわけである。『知的生活の方法』

プロの棋士は百手以上も先の展開を読むことができるといわれている。

そんなプロ棋士の中でも、ひと握りのトップ棋士が属するのがA級で、このA級で活躍した経験を持つ先崎学八段は、

「この世界で『勝負カン』とは、決断することをいう」

と述べている。

状況を逆転させる勝負の一手を指すときには、ヒラメキやカンが働くのだろうと素人は思いがちだが、本当に勝負をかけた一手というのは、相手をとことん研究することと、試合のシュミュレーションを何パターンも実行してみることで生まれるものだという。

研究するといっても、ただ相手の戦法や戦術を研究するだけではない。指すときの表情やしぐさ、考える時間などもその対象になるそうだ。すると、相手の表情やしぐさのちょっとした変化から、自分の有利・不利が雰囲気としてわかる境地に達するという。

相手のことを研究し尽くしておけば、次はどう指してくるかをより正確に予測することができる。その正確さに対する自信が深まれば、決断もしやすくなるものだ。

周囲の人は「天性の勝負カンがあるのだろう」と思っているかもしれないが、その裏には「地道な研究」が隠されているのである。

＊

落語家や漫才師などが舞台に立ったときまずやることは、お客の気持ちを〝つかむ〟

ことだという。そして、この〝つかみ〟に失敗すると、そのあとどんなに頑張っても、なかなかお客を自分たちの笑いのペースに引き込むことができないのだ。

同じように、たとえ時間を一時間もらっているプレゼンテーションの場でも、最初の三分間で相手を引きつけることができなければ成功はおぼつかない。

最近では、学問の発表や論文でも、主張の核になる部分を、最初に数行から十数行にまとめて出すという方式が普及してきている。

このように、「最初の三分間での結論」を準備するときは、話す内容が「自分の言葉」になるまで何度もシミュレーションをくり返してみることだと、『3分間社長塾―スピード判断力をつける』などの著書でも知られている弁護士の高井伸夫氏はいっている。その上で、事前に第三者に客観的に評価してもらう。そうすると、どこが良くてどこが悪いのかがわかる。そこで最終的な修正を行う。

下準備は、材料を用意すれば事足りるというものではない。その材料をどう組み合わせて、どんな味つけにすれば相手を納得させられるかについて試行錯誤をくり返し、これでいいと思っても妥協せず、徹底したシミュレーションを行って初めて成功が見えてくるのである。

24時間を味方につける

どんな人間にも一日は二十四時間しか与えられていないので、アーノルド・ベネットは『二十四時間で生きる法』という本を書いているが、われわれも二十四時間で生きていることを考えると、時間の使い方はよくよく賢明な方法によらねばならない。

たとえば『万葉集』には難訓というのがあって、学者の説でも一致をみないところがある。そんなところをいちいちいろんな研究者の注釈を読み合わせていたら、素人は永久に『万葉集』を読了することができないだろう。そんなときは、どんなむずかしい短歌にも五分以上の時間はかけぬこと、というタイム・リミットをつけて読めば、比較的短時間に『万葉集』でも『古今集』でも通読できる。そして自分にピンときたものにだけ、丸のしるしをつけておく。二度目にはそのしるしをつけたものだけ読み、特によいと思ったのには、もう一つ丸を重ね、二重丸のしるしをつける。そしてさらに二重丸じるしのものだけ読みかえして、その中でいちばん気に入ったものをノートに一日何首か書き抜く。そして暗記する。この方式でやると、比較的短い期間に勅撰《ちょくせん》集《しゅう》一つをわりと楽しく自分のものにしたような気分になれる。学術的にはもっと入念なやり方の方がよいにきまっているが、そんなことは専門家にまかせてよいのだ。そして専門の国文学者だって、勅撰集を通読している人はそんなに多いものではなさそうである。タイム・リミットの知恵を持てば漢詩集でも英詩集でも、かなり広汎《こうはん》にわたって、早く読み、しかも自分の好みに合ったものを十分に楽しみうるのである。

＊

通勤や通学のための時間は、ほとんど毎日、規則的にまた強制的に割り当てられるものであるから、語学には実によく向いている。そして窓の外や車内の広告を時々見ながら例文の暗記をするのは、家に帰って机の前に向かうよりも、ずっとよいものである。半端な時間は、それなりに、大きな時間にはない効用もあるのだ。

これに対して、朝のラッシュは混みすぎるという声があがるかもしれない。これについては私の知人のS氏の方法が答えになるであろう。S氏は、中央線で一時間半ばかりかかるところに住んでいるが、彼は毎日、必ず始発に乗って都心にある勤め先に行く。もちろん電車はガラガラである。彼はゆっくり腰をおろして専門書を読み始めるのだ。

彼はいつか私に言ったことがある。「毎日、必ず始発電車に乗ることに私は一生の希望を托しているのです。そうでもしなければ、みんなと同じ平凡なことになっちまうからなァ」と。

その結果はどうであろうか。別に遺産もないS氏が、今から数年前に、首都圏内に実に四千坪の土地を買ったのである。彼がこの四千坪を全部私邸にして住むかどうかは別として、億万長者になったことは確かである。

S氏の知的生活は、確かに一風変わっている。しかし彼は高血圧型であるから早起きは平気だ。これを利用してカントが顔負けするような知的生活の規範を作り上げ、その実力が認められて某国立大学からも口がかかってきたこともあるくらいだ。そして「知は力なり」というフランシス・ベーコンの言葉をそのまま実行して、巨富を実力で得たのである。知的生活は必ずしも一義的に致富《ちふ》や出世に結びつくものではない。しかし、当人の欲求次第では、容易に結びつきうることを示している。

『知的生活の方法』

聖書の教えで非常に有名な言葉をヒルティは引用しています。それは、「明日のことは煩《わずら》うことなかれ。明日には明日の心配することがある」という言葉です。人間は自分がやりたいもの、あるいは、やり遂げるべきもの、あれもやりたい、これもやりたいというものを一挙に目の前に置くけれども、人間の力は限られているから、一時に一つしかできない。だから、常に元気に働くためには、今日のことは今日だけしかできないという、そういう習慣でなければいけない。そして、明日にはまた明日のことをやるよりしょうがない。つまり、膨大な計画ばかりを眺めているとあせるばかりでどうにもならないが、今日は今日のことしかできないのだと初めから悟っておかなければいけない、というわけです。

『できる人になる生き方の習慣』

「時間がない」「忙しい」などと実に忙しげに走り回っていた人が、後に残るような仕事を何一つしていないことが多いのも事実である。

コマネズミのように動き回っている人にとっては、やっかいでいやな仕事がイコール重要な仕事なのだろう。だから、優先順位からすれば下位の仕事にばかりとらわれ、その結果、「時間がない」「忙しい」と、重要な仕事を後回しにしてしまう。

多忙であることと、多忙感を感じることとは本質的に異なる。確かに本人にしてみれば、満足感もあるかもしれない。細かな仕事をそれこそ間断なくこなしていれば、とても多忙感を覚えるものだ。

しかし、その仕事は質的に高いものではなく、また量的にも多くの仕事をこなしているとは言い切れない。

逆に、大きな仕事に素早く取り組む人は、細かい仕事など残り時間で瞬時に片づけてしまう。

こうした人は、本当に多忙にもかかわらず、多忙感などのグチなど訴えず、質的にも量的にも高い仕事をするものだ。よく「急ぎの仕事は、忙しい人に頼め」ともいわれる。これは、多忙に慣れた人は、仕事に取り組むのが早いから、というのがその理由なのである。

『すごく「頭のいい人」の生活術』

「時間」ではなく「量」で長期目標を立てる

たとえば論文を仕上げるような場合、よくおちいる落とし穴がある。それは、締め切りが一カ月後だとして、それまでに四百字詰めで百枚を書き上げるという想定で、単純に一日当たり何枚と割り算をしてしまうことだ。この目論見《もくろみ》でスタートしても、その通りにいくことなどまずない。

毎日必ずといってよいほど、予期しない出来事が起こるものだし、それ以外にも、気持ちが仕事に集中できなかったり、集中できたとしても、結局ひと文字も書けないまま一日が終わってしまったりする。

なぜ、こうしたことが起こるのかというと、仕事の分量を単純に一カ月（＝三十日）で割ってしまったからである。本当は、まず四週間で割ってから、それぞれをさらに五（日）で割るとよいのである。五日にするのは、一週間のうち二日は休む（休みたい）という前提があるからだ。

しかし、実際には、稼働日として予定していたうちの一日くらいは、たいてい予測しない用事でつぶれてしまう。それでロスした分は、休みとして取っておいた二日のうち一日をあてる。それでカバーできない場合は、もう一日を割《さ》く（この場合は休みなしということになる）。

そして長期の仕事や勉強の計画を立てるときは、「時間」ではなく「量」で目標を立てるようにするとよい。

「一日三時間やろう」という目標を立てたとしよう。これは何でもないように見えて、意外と大変だ。実際、かなりのプレッシャーになってくる。

小学生の子供に、「一日三十分は勉強しなさい」といっても、子供が気になるのは時計だけ。机に向かっても時間ばかりが気になって、教科書の内容は頭に入らない。それよりも「このプリントを二枚やってごらん」といったほうが、効果的である。

『実に賢い　頭の使いかた37の習慣』

職業の選択

好きなことを職業とするか、あるいは嫌いな職業を消去していって仕事を選ぶかは、人それぞれによって違うと思う。他に自分なりの選び方を持っている人もいるだろう。けれども、いずれの場合においても、職業選択の方法に絶対ということはない。どんなやり方をしてもきわめて偶然性が高く、ある意味では運命として受け入れなければならないことが必ずあるということは心得ておいたほうがいいだろう。

『自分の壁を破る人　破れない人』

某小説家は雑誌をはじめた。作家が雑誌をはじめて成功した菊池寛のような例もあるからいちがいにはいえまいが、ほんとうに特別な才能があるか時世にめぐまれないかぎり、まずは借金を背負いこむのがせきの山だということは常識でわかる。その小説家は雑誌を背負い込んだのが唯一の原因ではないだろうが、過労から来た病気で働き盛りの年齢でなくなった。

また俳優でプロダクションをおこす人がいる。それも男の人生として立派であろう。しかし借金を背負い込んで身動きがつかなくなったり、時には自殺にまで追いこまれる例もあるらしいではないか。俳優もできるがプロダクションの社長でもある、というのでは、やはり俳優としての芸は下るのではないか。社長ともなれば、労務管理やら財務管理やらの心労がたいへんなはずで、芸を磨くこととは両立しないであろう。

ここでは俳優とプロダクションの例をあげてみたが、知的生産に従事すること、とくに創作的なものと、企業体の金策の責任者となることはあい容れないことである。知的生産にまともに従事しておれば、毎日、相当な時間が機械的にその仕事に注がれるので、金策で走り回ることは、心労の面からも時間の面からも不可能である。万一、著名な作家や画家が、労務・経理の責任者であるような仕事をして、しかもすぐ失敗しなかったら、それは代作させているからだといってよいのではないかと思う。

『続　知的生活の方法』

仕事にも「道」がある

面白いことに、（日本人は）専門的な分野のみならず、日常的な些細なことの中にも、「道」はあると考えるようになった。日常のつまらないようなことでも、一生懸命やっていれば、「道」は人生の高みへと通じる、人間性の高みへと自分を引き上げてくれると考えるのだ。

いわば、日常的なことでも、禅の修行に通じるというような感覚だ。例えば、大工職人はノミを使って仕事をする。普通の職人ならそれで十分だろう。しかし、このノミを使うという何でもない作業に専念し、一生懸命に腕を磨き、そこに人生を賭けるくらいに熱中していくと、ついには、この作業そのものが禅修行や念仏修行と同じになり、人間性が高められていくと考えるのだ。これが日本人の独特の考え方なのである。

そういう人の顔は老人になってから美しい。最近ではテレビのおかげでそういう職人の顔を見られるようになったのは有難いことだと思う。千日回峰行《かいほうぎょう》をなしとげた大《だい》阿闍梨《あじゃり》と同じような素晴らしい顔をした職人を見ると感激する。『知的余生の方法』

能の世界でも、世阿弥《ぜあみ》が厳しいことを言っています。

「四十にして聞こえるところがなければ駄目だ」

三十代で陽の目をみないで四十歳になった人は、これから何か一事をなそうとしても遅いと、世阿弥は言います。だから、四十歳までにみんなに認められるように頑張らなければならない。厳しいと言えば厳しい見方です。言い訳として「平均寿命が現代に比べて短い」と言うこともできますが、平均寿命が延びたところで、活躍できる時間がそれほど延びたわけではないのだから、世阿弥の「四十歳」という区切りを昔の尺度だと片づけるのはどうかと思いますね。

『人生を楽しむコツ』

カリスマとリーダー

シニアの世代のリーダーは、会社の中ではかなりの部下を持つ立場になっているはずだ。大きな仕事の責任を一身に背負わなければならない。精神的なプレッシャーは大変なものだろう。若い部下の動向に気をくばらなければならない。自分自身の失敗ではなく、部下の失敗も自分がかぶらなければならない立場だからだ。苦境に立たされることも多々あるだろう。このような重圧の中で、キリキリと細かいことに気を使う官僚タイプ、あるいは参謀タイプは、潰れかねない。というよりも、部下がついていかなくなるのだ。カリカリ、イライラする上司と一緒に仕事をする程、嫌なことはない。人の上に立つ人間ほど、朗らかで、大らかで、寛容でなければならないと思う。中小企業の社長で、頑張っている人にはこのタイプが多いようだ。もちろん彼らは叩き上げだから、仕事そのものに対しては、非常にシビアだ。しかし、苦境に立っても、おどおどビクビクしたりはしない。そのような態度をとれば、従業員の士気にすぐさま影響するからだ。だから彼らは、苦しくなれば苦しくなる程、朗らかに対応する。明るくふるまう。最悪の状況でも、ジョークの一つも飛ばせるようでなければ、人の上に立つことはできない。司令官、リーダーとはそういうものだろう。その人間味に魅せられて、部下はついてくるのだ。『知的余生の方法』

すでに組織体が出来上がっていて、その組織の中で出世した人は、「会社」という組織に乗っかって偉くなっただけという場合が多いものです。ですから、その人にはカリスマ性というものがありません。それを「自分にはカリスマ性がある」と誤解していると失敗することになってしまうのです。

創設者の人には非常に立派なリーダーシップがあるという例が多いのですが、すでに出来上がった組織の中でカリスマ性のあるリーダーということになると、これは少ないといわざるを得ません。
企業の中で本当にカリスマ性がある人は、他の人には見えない生き筋が見えていて、しかも社員から「あの人は偉大な人だ」と心服されるような人でしょう。地位だけは偉いというのでは、カリスマ性は生まれません。
組織の中で働いているときには、人間の「器」のようなものはあまり問題になりません。そのポストを満たせる能力、あるいは事務的な能力があれば十分だからです。しかし、大物といわれるような人物は、人間の器の大きさが求められます。人間的に魅力があって、単に組織のポストを満たすだけの人間ではなく、そこからいい意味ではみ出し、また、ある意味では無茶と思える行為ができる人物です。

『「思い」を実現させる確実な方法』

大商社などで、自他ともに認める腕利きの部長がいたとする。こんなキレ者の部長でも、会社を辞めて独立すると、十中八九ダメになるというのだ。

なぜかと言うと、大企業の場合には、社員の忠誠心は会社に対する忠誠心なのであって、必ずしも上司に対してではないからだという。たとえ冷たい人間であろうが、面白くも何ともない人間であろうが、そんなことには関係なく、部下は命令されたことをやる。それがある意味では大企業の特色の一つなのである。

ところがそれを、自分に魅力があり、実力があるためであると勘違いする上司が少なくないらしい。このような部長なり何なりが独立してつくる会社はちっぽけで、いつつぶれるかわからないような会社である。そのような会社に社員がついていくには、彼に相当な男気や人間的で温かい魅力がないと無理というものだろう。こうして、有能なつもりで独立してはみたものの、気がついてみたら周囲には誰もいなかったというようなことになり、多くは失敗してしまうというのだ。

考えてみると、中小の企業で二代も三代も続いているような会社というのは、そのあたりのノウハウがよくわかっている会社であることが多い。初代社長がやはり非常に温かみのある人で、そのため周囲に人間が集まっているのである。二代、三代と続く会社というのは、この初代の教訓がよく生かされている会社である。

『自分の壁を破る人　破れない人』

後進に譲る

昔は、隠居というのは気ままに暮らせるということで、とても羨まれる身分でした。人生に隠居という期間を持つことは、けっして悲しいことでもみじめなことでもありません。徳川家康だって将軍の座を秀忠に譲って隠居したのです。ところが、いまの日本人はいつまでも実務の世界にかじりついている。これは陽の当たるところにいたいという未練を感じさせます。醜い生き方と言わざるを得ません。

＊

さすがにアメリカは「近頃の若者は」ということが比較的少ない国で、それが国力のもとだろうと思います。マイクロソフトのビル・ゲイツなどはハーバード大学に入って、自分が卒業するまでに世の中から遅れるのではないかと心配し、大学を中退して企業を興して、世界一の金持ちになった。「近頃の若者」だから成功するという考え方が、アメリカには依然としてあるように思います。

（癌研究で著名な医学者の）吉田富三先生は実に立派な方なのですが、この方にしても丸山ワクチンを全然受け入れませんでした。丸山（千里）さんは結核性の皮膚癌に対してドラマチックな治療法を発見した人でしたから、治療者としては然るべき尊敬を受けてもいい人だと思います。吉田さんほどの立派な人でも、そういうこともあり得るんですね。

丸山ワクチンについて、土居健郎《たけお》先生からこんな説明をうかがったことがあります。当時の医学における思想は、とにかく正体を見つけてそれを破壊するということだった。ところが、丸山ワクチンは免疫をつくって守るという方法だった。免疫という考え方がないので、癌にワクチンが効くものかとなるわけです。こういう考え方を、権威ある医学者ほど信じたのです。

『人生を楽しむコツ』

「時計を見てはいけない」

アメリカの発明家であるエジソンのもとに、ある母親が小さな子供を連れて相談に訪れた。

「この子を、何とかあなたのような立派な人間にしたいと思う。ついては、何かアドバイスを……」

母親がそう懇願《こんがん》したところ、エジソンは一言こう言った

「坊や、時計を見てはいけないよ」

エジソンは、頭が冴《さ》え、思いがけないひらめきを得るためには、物事に熱中することが大切だということを諭《さと》したのだった。時間が中断されることのない状態のもとで、知的作業、知的生産をするならば、脳の働きは最高の機能を発揮すると言ってよい。

＊

溶鉱炉は一度火を消してしまうと、再び鉄が溶けるようになるまでに、たいへんな時間を必要とする。そこでどんな場合でも火を消さないようにするというのである。そしてひとたび火をつけたなら、火を落とすことなくどんどん温度を高めていかなければならない。

知的作業もそれと同じで、頭のエンジンも中断されることなく回転していけば、温度が次第に上昇してきた溶鉱炉のごとく、頭はますます冴えてくるものだ。かくて、その仕事に取りかかった時には、予想もしなかった展開や思いがけないひらめきが次から次へと生まれてくるのである。

だからこそ、新事業や新製品の企画案づくりなどといった知的作業、知的生産で最高に充実した成果を上げるためには、絶対に途中で中断をしてはならない。知的生産の敵は、まさしく中断の時間であると言ってよいのである。

＊

知的生産を行うためには、必ずしも朝型人間が望ましいとは言い切れない。むしろ、中断のない真夜中に頭脳を大いに使うべきではないか。

サラリーマンの場合でも、翌日が休みの日であれば「いつ寝床についてもかまわない」という伸びやかな気持ちが、知的作業を最高のレベルに維持する余裕を、心に与える事にもなるだろう。

『すごく「頭のいい人」の生活術』

「八〇対二〇」の法則

「八〇対二〇」という法則がある。

この法則を発見したのは、イタリアの経済学者ヴィルフレード・パレートで、いまから百年以上も前のことだ。十九世紀のイギリスにおける所得と資産の分布について調査していたパレートは、富の分布の不均衡に法則性があることを発見した。わずか二〇パーセントの人たちに資産総額の八〇パーセントが集中していたのだが、これだと十九世紀のイギリスに当てはまるだけで法則にはならない。そこでパレートは、時代や国を問わず、集められるだけのデータを分析したところ、すべてにこの不均衡パターンが現れたという。

そして、その後の研究者の調査によって、「八〇対二〇の法則」は、社会生活や生産活動にも一貫して現れることが実証されたのである。

たとえば、ある仕事の八〇パーセントは、それに費やした時間の二〇パーセントから生まれるという。

逆にいえば、費やした時間のうち八〇パーセントは、たった二〇パーセントの成果しか生まないということである。ビジネスの世界でも、売り上げの八〇パーセントを占めているのは、二〇パーセントの製品であり、二〇パーセントの顧客だという。

要するに、仕事のうちの八〇パーセントは、使う時間の二〇パーセントで達成できるというわけだ。時間でも重要な二〇パーセント部分を最大限有効に使えばいいのである。

実際、仕事ができるといわれている人のほとんどは、他人に比べればわずかな時間の使い方で大きな差をつけているのだ。

『実に賢い　頭の使いかた37の習慣』

情報を捨てる

名著『知的生活』を著したP・G・ハマトンは、絵画と写真はどこが違うか、という話のところで、次のようなことを言っている。

「ある景色を考えてみよう。写真は全部、その景色を写し込んでしまう。ところが、絵画の場合、画家はその景色を見て、スケッチしたものをのちにアトリエで仕上げたりする。そうすると、印象の強いところだけが残る。それが個性というものである」

これを私なりに解釈すれば、「物事は忘れ残されたところに個性がある」と言えようか。面白い話を聞いて、これは興味深いな、と思って頭に残っていれば、それは私の個性に合った話であり、何も残っていなければ、関心がなかったということである。

つまり、面白い題材は記憶しておけばよいことであって、何でもかんでもメモを取るというのは、時間の無駄に過ぎない。これは、いずれ使いみちがあるなと直感したものだけをメモしておけばよい。

＊

一般のビジネスマンの場合はどうか。

おそらく、打ち合わせなどでレコーダーを使うというケースは少ないのではないか。たいへん重要な会議だから、一言も漏らさず録音しておこうなどと思う時があるかもしれない。しかし、そうしたことは極力避けるべきである。時間を効率よく使っているとはとても思えない。

たとえ重要な会議であっても、ノートにメモを取るだけで十分だ。

そのメモにしても、もちろん一字一句書き留めることなど愚の骨頂というものだ。これは重要だというキーワードを書き留めておくだけでいい。時間がたてば、そのキーワードだけでは会議の要点を忘れてしまうかもしれない。自信がないという時には、会議の後の数分を利用し、そのキーワードに対して印象深いことを書き添えておくことだ。そうしておけば、会議の要点を忘れることもないだろう。詳しい記録は議事録を取る人の仕事だ。

＊

インターネットに象徴されるように、生の情報自体は昔とは比べものにならないほど豊富になっている。したがって、情報を集める努力もさることながら、いかにいらない情報を捨てるかも、情報を活用する上でのキーポイントと言える。

今抱えている仕事に必要な資料は何なのか、何をそろえればいいのかがわかっていれば、不要な資料などを集める必要はないわけだ。要は、仕事のテーマを絞り込んでことに当たっていくという姿勢が、情報収集においては重要になるのである。

『すごく「頭のいい人」の生活術』

成功体験と慣習に引きずられるな

コンビニエンス・ストアの最大手、セブン‐イレブン・ジャパン会長の鈴木敏文氏は、「新しさとは何か」について、四六時中、五感を働かせて探求し続けていないと、時代や社会の変化から取り残されていくのは目に見えているといっている。

そして鈴木氏は、「新しさ」を見つける目を曇らせるのは、過去の経験だと指摘する。人間は一度成功すると、「ああやればいいのだ」と決めつけて同じことをくり返す。それは、確かにリスクも少なく安全な方法には違いない。

しかし、過去の経験ばかりに頼っていると、新しいものを求めている顧客や消費者の変化が見えなくなるというのである。

つまり、過去の経験が一種のフィルターとなってしまい、そのフィルターを通して見ている限り、顧客の変化をキャッチできないというわけだ。見ようとしているのに、見えないのである。本人は一所懸命努力しているつもりでも、顧客の求めるものとズレてしまっては結果が出ない。

では、どうすれば過去の経験にとらわれずにものを見ることができるのだろうか。

それについて鈴木氏は、「自分自身を常に客観的に見ること」だと明言している。

つまり〝もう一人の自分〟を意識するようにすると、別の視点から見ることができるというのである。

たとえば、自分がモノをつくる立場にあるのなら、モノを買うときの自分の立場に立って考えるようにする。そうすると、いままで気づかなかったことが見えてくるというわけだ。

＊

私の世代の人間にとって、「過去の成功経験に引きずられることが危険」ということは、日本の敗戦と重なる。

日本の軍隊は、はじめ成功した方式を、それが利かなくなってもくり返すクセがあった。敵のアメリカは、次から次へと新しい「て」を使ったのである。

実業の世界は、武器を使わない戦争である。一度成功したからといって同じ「て」ばかり使っていては競争に負けるだろう。

＊

ある大企業では、社員から毎月のように新製品についての提案を受け、これはと思われるものをつくって売り出すのだが、なかなかヒット商品が生まれない。

ところがあるとき、社長が一つのことに気がついた。

それは、その提案を検討する場に居合わせた社員のうち一人でも、「そんなものを誰が買うの？」「誰もお金を出してまで、そんなものは買わない」といった趣旨の発言をした企画、アイデアは、すべてボツになっていたのである。

そして、ライバル会社から出たその提案によく似た商品が大ヒットするに及んで、その会社では、「誰も買いませんよ、そんなもの」という声の出た企画から先に検討していくことにしたのだという。その結果、しばらくすると、ヒット商品が生まれるようになったのだという。

＊

かつてシナの清《しん》の時代、西欧から当時の最新技術だった時計がもたらされたとき、清朝の高官たちは喜んで購入し、それを応接間に飾って楽しんだ。一方、日本人は、その時計に飛びついてバラバラに分解し、どうできているかを理解した上に工夫を加えて、日本独自の「和時計」を作った。明治以後は当時欧米で流行の懐中時計を大量生産までした。

これはかつて、ソニーの創業者井深大氏がいっていた例だが、新しいものを手に入れても「鑑賞してしまう人」と「真似て研究する人」では、大差がつくのである。

『実に賢い　頭の使いかた37の習慣』

視点を変えてみる

ある中小企業主は、絶えず重要な得意先の奥さんに何を持っていくかということを考えている。考えてみれば、いくら亭主だけを接待してみても、奥さんは全然喜ばない。しかし、亭主にしてみれば自分の女房に喜ばれるくらいホッとすることはない。だから取引先の奥さんに「あの人はいい人ね」と言わせることは非常に大きな効果がある。だから亭主に十分な「根回し」をするためには当然その奥さんにまで気を配らなければならない。奥さんを喜ばせるのは、亭主を接待するよりもうんと安くできるのだから、一石二鳥だ。

ある有名企業で、それまで全員が会議室で座って行っていた会議を、立って行うようにしたところ、まず会議の中身が非常に充実し、議論も活発になされるようになったのだそうだ。それればかりか、一年が経過した頃には、業績も大きく伸びていたという。

座っていたのを立つように変えただけのことだが、それでもこれだけの効果が出てくるところをみると、考えるときのパターンも、ちょっと変えてみるとよいかもしれない。

デスクで考えていたのを、ソファーにしてみる。コーヒーを飲みながら考えていたのなら紅茶に変える。窓に向かって座っていたなら壁に向かう……。

目先の、ちょっとした変化でいいから、いろいろ実行してみるのだ。それによって、それまで気がつかなかったことが見えてくる可能性がある。

＊

新規の顧客を数多く獲得すれば営業成績が上がるのは間違いない。しかし、毎月毎月、新しい顧客を獲得し続けるのは至難の業といっていい。市場のパイの大きさは決まっているし、それを競合会社が奪い合うのだから当然といえば当然である。

しかも、新規開拓に血眼《ちまなこ》になればなるほど、既存の顧客はないがしろにされることになる。「釣った魚に餌はやらない」というわけだが、契約したあとはろくに連絡もよこさない営業マンが少なくないのはそのためだろう。

それに対して、新規顧客の獲得数こそ少ないが、既存客一人ひとりに対して定期的に相談に乗ったり、挨拶にまわったりなど、誠実な対応を心がけている営業マンもいる。

前者と後者の営業成績を比較すると、短期的には前者のほうが勝つ。しかし、長期的に見れば「ウサギとカメ」ではないが、必ず後者が前者をしのぐという。

面倒をよくみて、その満足度を向上させる努力を惜しまない営業姿勢に接すれば、既存の客は新しいお客を紹介してやろうという気になる。紹介の場合、契約できる確率が飛び込み営業より高い。つまり、既存客を大切にするほうが、少ない労力で大きな実績を上げられるわけだ。

最近、多くの企業が既存の客を長く、また深く満足させることに力を入れるようになったという。定期的に訪問したり、電話を入れたりして大事にする。その地道な「くり返し」が、結果的には売り上げを伸ばすという方程式に気づきはじめたからではないだろうか。

いい本をくり返し読む効用と、業績のいい営業マンとの共通点をここに見る思いがする。

『実に賢い　頭の使いかた37の習慣』

第五章

恋愛の掟《おきて》

鍵のかかった部屋

ヴィクトル・ユーゴーは「女は非常に完成した悪魔である」というし、かと思えば「男がありとあらゆる理屈を並べても、女の一滴の涙にはかなわない」とフランスの大啓蒙思想家ヴォルテールは完全降伏してしまう。イギリスの作家キプリングになると「女はただ女であるが、よき葉巻は煙になる」などと、ユーモアたっぷりにけなすかと思えば、「女の当て推量は、男の確信よりもずっと確かである」と彼女らの実力を認める。

これら、格言・名言も彼女らとの体験の如何《いかん》に左右されるだろうが、とにかく女は、男にとってはいつの世も、悪戦苦闘する相手以外の何者でもないようだ。それは、鍵と錠との関係に似ているのではないかと思う。合う鍵ならパチンと開く錠も、一旦《いったん》合わないとなるとどんな手練手管《てれんてくだ》を使っても合わない。

男と女の関係も、ぴったり合う鍵と錠を求めあうことから始まるといえる。だから、お互いに合わないといって悩むし、合った時には、天や神様のお導きのような喜びに浸《ひた》れるのだろう。

『「自分」の証明　悩む人ほど、大きく伸びる』

文学に性差別のなかった国

文学は美のほかに、男女の愛を意識の中心にすえる。平安時代の人たちを見ると、美と愛以外は念頭になかったように思われることさえある。そして人間の諸活動のうち、文学と恋愛ほど男女が同権になれるものは少ないであろう。

＊

たとえば和泉式部はそれほど身分は高くない家に生まれ、それほど身分の高くない男と結婚して離婚した女性である。彼女の歌が勅撰集に二百三十八首も入れられているということは――関白太政大臣として政治上の権力者であり、書道に秀《ひい》で、また和歌にもすぐれ、その奨励に力をそそいだ藤原忠通でも七十首ぐらいしか入っていない――当時のインテリの間で、文学の名誉に関しては性の差別をしていなかったことを如実に示している。そのような社会であればこそ紫式部が生まれ、清少納言が出てきたのであろう。

徳川時代のような武士の時代でも、文人の仲間では自由恋愛が誕生してきており、女性の参加も相当でていた。頼山陽に艶聞が多いのもそうした背景によるからである。国学の方では本居宣長には相当の女弟子がいた。幕府の体制があのまま続いても、文学をやっている人間を中心として近代的な男女関係が次第に普及して行ったであろう。

『文科の時代』

日本は、平安時代という、女性の知的生活や知的生産が可能な時代を持ったことのある珍しい国である。そしてこの王朝時代には、『源氏物語』のような大作さえ、女性の筆から生まれた。このようにみてくると、現代は、昭和元禄などというより、昭和王朝時代とでもいったほうがよいのではないかと思う。つまり知的生活という見地からすれば、男女の別は本質的でないどころか、女性のほうが有利になりつつあるといってよい。

生計の責任がいかに男にとって重いものであるか。これに対する決意や計画なしには、知的生産は重大な危機に陥るであろう。

『続　知的生活の方法』

男女の歌合わせとかるた取り

「男女相争わしめず」という世界の歴史の中において、日本の昔の宮廷における歌合わせなど例外と考えられるべきものである。これは日本の上代がきわめて女性に有利なと言おうか、女性の価値を認める非常に珍しい文化だったことによるものであろう。これは日本文化の誇りだと思う。しかもこのような状況が生ずるにあたっては、その発想法のもとにはやはり日本神話があったのではないだろうか。

日本の神話は、男女が相補関係にあることを示した注目すべき神話である。男から女が派生したものでもないし、女が男の一部でもないし、あるいは男を誘惑するものでもない。完全に男と女が相補うものとしてそこに存在した。

この相補的な男女関係があった神話のおかげで、日本人には原型として潜在的男女同権制がすでに頭の隅にあったと思われる。和歌のような世界ではその伝統が多少温存されたのであろう。その後武家時代という腕力絶対の時代がずっとつづくし、そういう時代には当然男の価値が高く認められるのはやむをえないことである。それでもそのなごりはかるた取りというようなことには残っていて、貫一、お宮ではないが、男女がきびしく分けられた時代でも、百人一首が出てくる新年のかるた取りというような、男と女が競争してもいい時と場所があった。こういう点など日本は男女の関係が以前から比較的進んでいた国であったのではないかと思う。むしろ、女性の地位を下げるに役立ったのは、儒教などの外来思想だったのではないだろうか。

『知的風景の中の女性』

女性を男にしようとする愚かさ

運動競技の女性選手は男の体、つまり男の筋肉に近づけることが目標になるという。ビジネスも頭の働きを男に近づけることになるのだろう。

『知的余生の方法』

人間は、男も女も近代文明が成立する以前の時代に適合するようにできている。昔、力仕事と言えばやはり男だったように、育児には女性のほうが向いているのだ。それがフォークリフトができたために、誰でも力仕事が出来るように錯覚しているだけなのだ。戦争までがボタン戦争になったために、女性の兵士まで出現しているけれども、女性が戦争に向いているとは到底思えない。

戦争の本当の現場を知ったとき、どれくらいの女性兵士が兵隊を続けたいと思うかは、大いなる疑問なのだ。

鉄砲をもって、しかも四貫目（十五キロ）ぐらいの重い背嚢《はいのう》を背負い、泥土の中を何キロも何キロも黙々と進軍するのである。もちろん食べ物などろくにない。こんな劣悪な状況の中でも、とにかく最後まで戦い抜く。だからこそ、職業軍人というのは、男の中の男の仕事という評価を受けていたのだが、このような苛烈なことを女性がやれるとは思わないし、また男としてやらせたいとは思わない。

だいいち、女性や子供を戦闘に使おうと言い出したために、ヒトラーは負けたとも言えるのだ。第二次大戦も最後の頃になると、さしものドイツでも、兵隊の数が不足してきて、ヒトラーは子供も女性も戦場へ出そうと言い出した。ところが、このヒトラーの命令に対して、ドイツの職業軍人たちが反発した。軍人たちにしてみれば、当の子供や女性を守るためにそれまで戦ってきたのに、何をたわけたことを言い出すのかということなのだ。彼らは子供や妻を戦場へ出すくらいならば、戦わないほうがましだと言ってヒトラーに対抗するのである。ドイツ軍の中から進んで降参する軍人が増えていったのは、このことがあってからなのだ。

弱きもの、妻や子供を守るために命を捨ててまで戦う。本来、男の仕事とはこのようなものだと思うのだ。男が自分に与えられた運命を甘受するとはこういうことだったのである。

『自分の壁を破る人　破れない人』

男女の相違をなるべくなくそうという考え方をしている人は、平等という観念に対して十分考察していないのではないかという疑念が生じてくる。憲法および人権宣言は両性の平等を言っているが、それは当然法の前の平等ということである。実際、現実問題として、世の中に平等な人間、同じ人間は一人もいないのである。いわんや男女は少しも同じでない。

『知的風景の中の女性』

家庭の破壊と保育園の充実

啓蒙運動の場合は、その主要なる主張は宗教を問題にしないということだった。今の極端なウーマン・リブの特徴は家庭を問題にしないということになるかと思う。だから婦人解放運動を推し進めると、いちばん邪魔になるのはなんといっても子供だということになろう。子供はいやおうなしに女性を肉体的に支配するものなのである。妊娠すれば文字通り身重《みおも》になるし、出産の前後何週間かは常人と同じに動くことはできない。それは女性としては正常な状態なのであるから、女は損するという立場から見れば、まことにそれを証明づけるような現象なのである。

したがって、ウーマン・リブの主たる関心の一つが、女性をいかに子供から解放するかということになったとしても不思議はない。それで国が補助を出してポストの数ほど保育園を設けよ、という主張が高く掲げられることになる、社会主義国はそのイデオロギー上、女性をも同じく労働に服せしめるという意図から保育園の設備が非常に進んでいると言われている。このように脱キリスト教的ウーマン・リブによっても、また男女の平等労働を唱える社会主義によっても家庭は敵視され、そのかわりとして保育園の充実が救いの神のように重んじられるのである。

『知的風景の中の女性』

アダムとイヴ――男の従属物だった西洋の女性

『旧約聖書』のアダムとイヴの物語では、男女には、その最初から差がつけられている。男、アダムが先に生まれ、そこから女、イヴが作られた。要するに、男の寂しさをまぎらわすために、仕方なく作られたのが女ということになっている。この地位の差は、この後どうなるのか。あのリンゴ事件が起こるのだ。着る物さえいらず、食べ物も食べ放題、もちろん働く必要などないパラダイスで生活していたにもかかわらず、これだけはやってはならないと神様から禁止されていた、知恵の実を、アダムはイヴの甘言《かんげん》に乗って食べてしまう。

神様の怒りに触れた二人は、楽園を追放され、罰としてアダムは「おまえはこれから働かねばならない」といい渡される。

イヴも「罰として苦しんで子供を産め、そして男に従え」と命じられる。神様から与えられた男女の義務は明確に違う。男は一つだけだが、女は二つ。しかもその一つは「男に従え」だ。西洋では男女間に神様も認めるはっきりした差がある。ここでは、日本のような相補う関係、相対的関係でなく、男優位の絶対的関係があることになる。

＊

宗教においてと同じく、実は言葉においても、西洋では男と女は差がつけられている。例えば英語で見てみよう。男はマン（man）で、女はウーマン（woman）という。だが、マンは、男を意味すると同時に、「人間、人」をも意味する。ドイツ語でも同じで、ただ頭文字を大文字にすれば男、小文字にすれば人間になるという違いだけだ。このことは何を意味しているかといえば、西洋においては男＝人間という考えがあるということだ。言葉においても男中心になっている。

古英語では男はマンの他にウェープンマンとも呼ばれた。ウェープンというのはウェポンのことで武器。だから男は「武器を持った人間」ということだ。

これに対して、女性の方はウィーフマンといわれていた。このウィーフマンが訛《なま》ってウーマンになった。ではウィーフというのは何なのか。これはドイツ語のヴァイプ、つまり英語ではワイフのことで妻や奥さんを意味する。そしてヴァイプの語源をたどっていくと「包まれた」「覆《おお》われた」という意味になる。つまり、男と女の区別は「武器を持った人間」と「覆われた人間」ということだった。

古い時代には結婚してお嫁に行く女性は、全身を白い布で包んで行くものだった。そこから「覆われた人間」が女を意味するようになったのだ。

『「自分」の証明　悩む人ほど、大きく伸びる』

イザナギとイザナミ——相補う男神と女神

日本の『古事記』にあらわれた最初の男女の関係は、ヨーロッパにおけるアダムとイヴのような神話とは全く違っている。まず第一に、男という大和言葉は人類をあらわしてはいない。「人《ひと》」という言葉が使われている。人は男でも女でもない。そして人の派生語が女であることはない。人は人としてあり、そのほかに男、女があるのであって、言語的に言っても日本の神話では男女を並列しているのである。片方から片方が出てきて、片方が圧倒的に尊くて、片方が卑しいという発想のはいり込む余地はない。母国語というものは生まれたときの子供の意識をすぐに決定するものであるから、これは非常に大きな力があると思う。

さらに日本の神話を見ると、最初のころの神さまは男でも女でもない神たちである。それが何代かつづいてはじめて男女に分かれた神が生じて、男が伊邪那岐命《イザナギノミコト》、女が伊邪那美命《イザナミノミコト》と呼ばれる。このイザナギ、イザナミが「みとのまぐわい」、すなわち夫婦行為をして国生みをする。

*

「みとのまぐわい」をする前に男神と女神の話し合いがある。男の神さまのほうが「我が身は成り成りて、成り餘《あま》れるところひと處《ところ》あり……この吾が身の成り餘れる處を汝が身の成り合はざる處に刺し塞《ふた》《さ》ぎて、国生み成さむと思うが奈何《いか》に」と言った。つまり自分の肉体になにかでき上がったうえで少し余ったところがある。あなたの体の中にはでき上がったうえで少し足りないところがある。余ったところを足りないところに入れてみたらどうか。このような発想である。

つまり余ったからいいとか、足りないから悪いとかいう、そういう価値判断は抜きにして、引っ込んでいるところと出っぱっているところがあるから凹凸を埋めてみたらどうかと言っているだけなのである。だから男女は相補うという関係を明示している点において、きわめて注目すべき神話だと思う。

『知的風景の中の女性』

「愛し《かな》」という日本語の奥深さ

「愛」という言葉には、訓読みがないことからもわかるように、日本古来の大和言葉ではなく、もともとは漢語だ。だから、頻繁《ひんぱん》に登場する割には、意味が何となく曖昧《あいまい》で、また、自分で使おうとすると、どこか違和感を感じる人は多いのではないだろうか。

テレビや映画で「愛してる」が平気で使われている割には、現実の日常生活では、よっぽどのことがない限り用いられない、というのが実情だと思う。ひょっとすると、アメリカの映画やテレビで、頻繁に「アイ　ラブ　ユー」が出てくるのを、安易に真似ただけかもしれない。

要するに、「愛」はもともとは日本語ではない。しかも「哀悼の意を表する」の「哀」とは語源が同じ漢語。ということは哀しむという意味も含まれている。つまり「アイ」とは、胸が詰まって声が出なくなるような状態のことをいったようだ。だから、美しい人を前にして言葉も出ないくらいに胸が痛むのも「アイ」だし、夫や妻や恋人を亡くして胸が詰まるのも「アイ」なのだ。

では、「アイ」は大和言葉ではどういうのか。それが「かなし」だ。『万葉集』の大伴《おおともの》家持《やかもち》の長歌のなかに「父母《ちちはは》を見れば貴く　妻子《めこ》見れば　愛《かな》しくめぐし……」というのがある。妻や子を見れば、いとしく可愛いといっているのだが、「愛しく」は「かなしく」と読む。同じ例は『万葉集』には数多くあり、有名な東歌《あずまうた》の一つ「多摩川に　さら

す手作り　さらさらに　なにそこの児の　ここだ愛しき」もそうだ。「ここだ愛しき」は、「とても可愛い」という意味だ。だから、「どうしてこの子は、こんなに可愛くいとおしいのだろう」という意味だろう。

＊

それはひょっとするとお釈迦《しゃか》様の気持ちに通じるところがあるかもしれない。たぶんお釈迦様も、自分の掌《てのひら》の上で現世の人間たちが、右往左往する姿を見て、かわいらしくて、「愛《かな》しく」なるのだと思う。お釈迦様の「愛」は「仏心とは大慈悲これなり」といわれるように、慈悲の心だ。「悲」が「愛」に通じるからこそ、慈《いつく》しみ哀れむ心に「悲」が用いられたのだろう。

＊

そう考えてくると「愛《かな》しい」という言葉は、実に奥の深い言葉だと思う。「かわいい」と「かわいそう」を合体させた日本人の感性は、もともとお釈迦様に通じるものだったのかもしれない。

そして、日本人はこの「愛」という言葉の本当の意味を、無意識の内にもわかっていた。お互いが心の奥底で何となく気付いているからこそ「愛」という言葉をむやみとは使わなかったのではないだろうか。

＊

アメリカなどでは、夫が会社へ出勤する前には、必ず口にするとか、とにかく「年がら年中「アイ　ラブ　ユー」を連発しているようだ。それはお国柄だからいいとして、何も日本人まで真似することはないだろう。文化圏によっていろいろな発想の違いはあるのだ。

だが、私は「愛」については、日本の「愛《かな》しい」の感覚まで含むとらえ方が、最も含蓄《がんちく》がありまた、いいと思う。日本人は「愛」という言葉の奥底にある深い意味を、何となく気付いていた。だから、むやみやたらと使わなかったのではないだろうか。「私はあなたを愛します」などと露骨にいわなくてもよかったのだ。

『知的余生の方法』

第六章

夫婦の相性

家庭は永遠性につながる

結婚というものは、何か「永遠なるものと結びつく」というセンスがなければならないと私は思う。

宗教を持っている人なら、精神の結びつきとか魂の結びつきとかいうことになるのだが、特に宗教を持たない人でも永遠性は持ちうるはずである。自分たちの結びつきによって子供が生まれる。子孫という形で永遠性が残っていく。それが神聖なものであるという意識があれば、結婚に対する考え方もまた少し変わってくるはずである。〝家〟の存続につながる古い考えといわれるかもしれないが、家庭はそうやって、大げさにいえば人類の永遠性というものにつながっていく。

＊

自由に生きたいから独身主義を通す、というのもあっていいとは思うのだが、人間は本来、多くの人との関わりの中で生きている。子孫の繁栄というようなことを別にしても、複雑な人間関係の中で生きていくことのほうが自然である。おじいさんがいたり、子供がいたり、兄弟がいたり、いとこがいたり、みんなで楽しく集まったり、時にはケンカをしたり、そういういわば生ぐさいところが人間らしい生き方だと私は思う。そうした中で自分のための自分を見つけるのである。『自分を生かす』

結婚の条件

仕事ができる男性と、家庭生活のビジョンが描ける女性ということであれば、まず結婚の条件の最大公約数は満たされているといっていい。その上で、恋愛小説のような関係ではなく、地味な、お互い安心できる環境をつくるという点で意志が合えば、自ずから結婚への道は開けるはずである。その他の状況に多少問題があっても、「意志があれば道は開ける」という言葉通り、方法はいくらでも考えつくことができる。

『自分を生かす』

若い頃はやはり誰しも女性の美しさに魅かれる。顔が美しいとか可愛いとか、プロポーションがいいといった具合だ。だが、いざ結婚してみると、そのような外見的なことが、いかに無意味なのかがわかってくる。そして美しさなどとは関係なく、知力や知恵のない女性ほど困るものはないということに気付くのである。

更に、身体の健康が大切である。自分が病気にでもなった時に、体力がないような妻だと、看病してもらえないからだ。

年を重ねてくると、男の方に体力的にも精神的にも余裕がなくなってくる。そうすると、結婚するなら、やさしい女性が一番良いということに気づくものだというのだ。若い時には、そのようなことなどは考えない。人生の秋になりやっと、若い頃には大切だと思っていたことが、実はそうでもないとわかるのである。女性は美しさではなく、健康や知力、そして何よりもやさしさの有無を見極めて、選ばなければならない。

見栄《みば》えなどというものは、女性を評価する際の最下位に置かれる、ということが、「明らかに」見えてくるのだ。　『知的余生の方法』

独身のうちは四畳半の部屋にお客さんを呼んでも恥ずかしくないし、相手がどんな豪奢な家に住んでも気にならずに訪問する。ところが、結婚したとたんに「あそこの家より、うちは小さいから招待できない」とか、逆に「あそこの家はあんな立派な家だから、私はいけない」とか言う奥さんが必ず出てくるわけです。それで、社会制度がピタッと決まる。

フランシス・ベーコンは「家庭を持てば、愛情が自分の家族に分けられるから、みんなに愛を分けるような職業に就く人は独身のほうが望ましい」というような趣旨のことを記していますが、結婚の対極にある独身というものの意味が、そこに表れているような気がしますね。　『人生を楽しむコツ』

原初に立ち返って考える

基本的かつ肉体的には、女は否定しがたく子供を産んで育てるようにできている。男は無責任といわれようが、女を受精させるようにしかできていない。そのかわり、獣や魚を捕まえて持ってくるのには便利にできている。つまり、男は外で働いて、女は家庭を守るという形態だ。この形が、極めて原始的ながら、極めて自然な姿であるということを、まず頭に入れておく必要がある。

なぜこのような当たり前のことを、というかもしれない。しかし、世の中が便利になり、情報化と電子化が進めば進むほど、人間の原初の姿が失われてしまう。新しい考え方やトレンドが次から次へと出てくる。それら流行を追っているうちに、人間は進化論的に人間であった頃のことを忘れてしまうのだ。

男と女に関するさまざまな問題は、一旦、原始的で自然な姿に立ち返って考えてみることから出発しなければ、何の解決策も見出せないのではないかと思う。

『「自分」の証明　悩む人ほど、大きく伸びる』

夫婦間の契約

キリスト教が一夫一婦制の理念を――それを破る人間はたくさんいたわけであるが――理念として絶えず維持してきたことは、結局、長い目で見れば女性の幸福の保証でもあったように思うのである。

＊

アメリカでは、かなり進歩的だと言われる大学のキャンパスなどにおいては、結婚ということを言い出すのは古くさいと、かなり自由な男女の交わりが見られるようである。結婚するにしても、今までのわくから離れて、自由にいろいろなことを契約してから結婚するというのがはやっているという。たとえば、家事は分担するとりきめとか、育児も分担するとか、いろいろこまかい条件をきめて結婚する例がふえてきているらしい。もちろん、はやったからといって、どの結婚もうまくいくというわけにはいかないので、離婚騒動が起こることもしばしばある。その場合二人でとりかわした約束は、いざ離婚ということになれば無効なのである。というのは、今までの法律だと夫婦間のそういった契約は法の対象にならないからである。

そこで、そういうケースをたくさんとり扱ったあるアメリカの判事は、「これだけ契約するならどうして結婚などするのか。結婚さえしなければこの契約は全部有効であるのに」と言ったそうである。つまり結婚という登録をしないで、いろんな契約で同棲をしている限りは、契約はみんな有効ということになる。そのようにして結婚というものがなくなり、ひとりひとりお互いの契約に従って性的交渉を持ち、子供の育て方を規定すれば、まあまあ満足に行くだろうということでやり出す人がふえるかもしれない。しかし、常識ある人なら、大部分の人にとってはそれは満足にいかないだろうということを予想するのである。

『知的風景の中の女性』

夫婦とは組み合わせである

夫婦の関係については、古今東西、いろんな人が、さまざまなことを言っている。それ程、夫婦関係というのは難しいということだろう。

やはり、最も有名な言葉は「良妻を持てば幸福者に、悪妻を持てば哲学者になる」と言ったソクラテスの実感のこもった言葉だろう。彼の妻のクサンティッペは、悪妻の典型とされていて、とにかく口うるさく、のべつまくなし夫ソクラテスに文句を言っていた女性とされている。だが、はたしてそうなのだろうか。

昔から、夫を出世させてきた妻はいい妻だと言われてきた。しかし、夫への貢献の仕方は、妻によってさまざまだろう。内助の功で夫を伸ばした妻もいるだろうし、逆に、あまり夫の世話をしなかったのが幸いして、夫がのびのびと出世したという場合もあるだろう。あるいは、文句ばかり言われた夫が刺激されて発奮したということもあるだろう。

いずれにせよ、夫を出世させたのなら、どんな妻だろうが、それは問題にならなくなる。つまり、これはそれぞれの妻個人がいい悪いというのではなく、夫と妻の組み合わせがうまくいったということだ。

夫婦というのは、簡単にいってしまえば、組み合わせだ。別の組み合わせだったとしたら、必ずしもうまくいったとは限らない。だから、結果が良ければ、いい夫婦なのである。

＊

そうはいっても、一筋縄でいかないのが、夫婦というものである。

例えば、こういう妻もいるからだ。この人は、夫が仕事で遅くなるという日には、夕食をせずに夫を待つということはしない。子供たちといっしょに食事はすませてしまう。それが子供たちとの団欒《だんらん》には必要だし、食べずにひたすら待っているのは、かえって夫にプレッシャーをかけることになる。それに、自分もイライラしてよくないと考えるからだ。ここまでなら、よくある話だと思う。

彼女が違うのは、子供たちと食事はすませ、食器も洗ってしまうのだが、箸だけは洗わずに置いておく、というのだ。そして帰ってきた夫に夜食を出し、夫の食器といっしょに自分の箸も洗う。

これは何を意味しているのかというと、要するに彼女は夫の帰りを待つという姿勢を、崩さずに常に持ち続けているということだ。自分の箸だけは洗わずに置いておく、というたったそれだけのことの中に、私は妻というもののけなげさと思いやりを感じて、いたく感動した。そしてこういう奥さんを持った夫は幸せだろうと思った。こんな気配り上手な妻がいれば、夫は家に帰るのが楽しみになるだろう。ひょっとすると、出世などしなくてもかまわないと考えるかもしれない。しかし、これはこれでいいのだと私は思っている。

『知的余生の方法』

人生の重大事を、昔の日本の武士、あるいはその伝統を維持する人たちは、自分で決めた。しかし今の平和な時代においては、それを決めるのは、P・G・ハマトンのいうごとく、女房族である。

『続　知的生活の方法』

記憶と絆

記憶の大切さについて思いを巡らすと、戦時中の夫婦のことを思い出す。

当時は、男が出征するというので、結婚を早めたりすることがよくあった。すると、わずか数日間ぐらいの結婚生活しか送れない場合も出てくる。しかも、出征してそのまま夫が戦死したりすると、妻はそのわずか数日間の結婚生活のまま、未亡人になってしまう。そしてそのまま一生未亡人で通した女性が数多くいたのだ。現代の人の感覚では理解できないかもしれない。わずか数日だけの結婚生活だったのなら、すぐ再婚してしまえばいいものを、と考えるからだ。

しかし、戦時中だからということが特に原因していると思うのだが、まさにそういう切羽詰まった状況のなかでの結婚生活だったからこそ、わずか数日間でもその記憶は、その人の中で鮮烈に残ったのだと思う。夫は戦死しても、その記憶は自分の意識の中で生きている。そう考え、二度と結婚しなかった女性が多くいたのだ。死んでも意識の中で生きている、それが夫婦というもののあり方だろう。

＊

だから私は、若い夫婦には特に、今のうちに無理をしてでも休みをとり、夫婦二人で何か記憶に残ることをやりなさい、と勧めている。

仕事が忙しいからと、先送りにしていると、いつの間にか年をとって、気がついた時には、平坦で、あまり特色もない、鮮烈な記憶を共にしたことのない人生になってしまっている。

定年退職したら一緒に海外旅行へ行きましょう、では遅いのだ。もちろん、それはそれでいいことだとは思うが、できれば若いうちのほうがいい。

仕事が忙しい時の休みだからこそ、妻も感謝する。ひょっとすると、海外旅行中に、両親の元に預けた子供がどうだとか、親の方に問題が起こったと、いろいろな出来事が生じるかもしれない。しかし、このやきもきした気持ちと、楽しかった思い出が、鮮明な良い記憶として残っていく。そういう共同の記憶が、夫婦の絆となっていくのだと思う。

『知的余生の方法』

年を重ねたら行動も寝室も別々に

中年以降の人たちに一つの考えを勧めたいと思います。それは、夫婦の寝室を別にすることです。

と言うのは、年を取ってくると、たとえば温度に対する感度が夫婦でかなり違ってきます。片方は「寒い、寒い」とか、「暑くて寝ておれない」と言うのに、片方は「ちょうどいい」と言ったりします。暖房や冷房の適温が夫婦でかなり違ってくることがあります。これは、睡眠にとってものすごく有害です。若いころは意外に気にならないのですが、だんだんその差が大きくなるような気がします。あるいは、いびきがうるさいとか、片方は寝ながらテレビを見るけれども、片方は見たくない。片方は本を読みながら寝たいけれども、片方は枕元の明かりが邪魔になるとか、いろいろあると思います。それは我慢しないほうがいいと思います。夫婦というのは、常に同じ寝室で寝るべきであり、ダブルベッドに寝るべきであるという思い込みが、知らないうちに配偶者に対する反感を生み出しているということが大いにあると思います。

『できる人になる生き方の習慣』

夫婦生活にとって重要になってくるのは、年を重ねれば重ねるほど、夫婦それぞれの空間が必要になってくることだ。そのため、なるべくなら広い家に住む。そして、顔を合わせる機会を少なくする。その方が、お互いに不平、不満が少なく、また、それを聞かずにすむ。より快適に生活できると思う。

気温に対する感じ方にも違いが出てくるから、寝室は別々の方が良くなる。夫が暑がりで妻が寒がりだと、同じ寝室ではお互いが困る。あるいは定年退職してゆっくりしたいのに、寝起きの時間まで合わせなければならないというのも、癇《かん》にさわるものだろう。

ある超高級老人マンションでも、夫婦別々の部屋をとる人がいる。食事やお茶などは立派な食堂やサロンで一緒にするが、別々の部屋を――それが極めて高価でもキープしているのだ。そういう老人マンションに入るとしたら、私もそうしたい。老夫婦には距離が少しあった方がよいと私は感じている。『知的余生の方法』

日本の離婚率が低いのは、夫婦で付き合う義務がものすごく少ないからかも知れません。一緒に行動しなければならないということが少ない――これが「夫婦の仲」にとってはプラスなのです。別行動というのは、お互いが癇に障《さわ》らないで共生する方法の一つだと言えるでしょう。いまはカラオケも個室で歌っているらしいのですが、そうして聴きたくもない他人の歌を聴かないことで互いに癇に障らず、楽しく過ごせるのと同じです。

奥さんは奥さん同士で楽しく集まる。そして、ケーキを食べたり、夕食をレストランで食べたりする。亭主みたいに料亭に上がって食べるということはないのだから、経済的に大したことはない。大目に見てやるべきでしょう。

『人生を楽しむコツ』

平安朝の夫婦生活は未来暗示的ですらある。夫と妻は別居していたというが、これは男女がいつまでも婚約時代みたいな新鮮な気持ちでいる一つの工夫であるかも知れない。

男も女も相手を「当然のもの」と見なし切れないということは、常に相手を意識することである。つまり本当の意味で尊重しているということだ。相手を夫として、妻として当然視できないのだから、電話とか、手紙とか、和歌だとかで、絶えず愛情の伝達がなされることであろう。お互いに魅力的であることに努めるために、莫大な精神的、感情的エネルギーが消耗されるであろう。それが拡大や物質的生産にならないところがよい。個々の人の感性は磨かれ、情感は深くなるであろうが、こういう方面に人間のエネルギーの多くが向けられている限り宇宙船地球号は安泰である。

『文科の時代』

母親としての知的生活

偶然気付いたことがある。いろいろなパーティなどで際立って高貴そうな顔立ちをしている女性がいるので、旧皇族か大名家の出身かと思い聞いてみると違う。私が見て高貴な顔立ちをしている女性たちの共通点は、いずれも保育士になる学校に入って、保育士をやったことのある人たちだった。

＊

女性には贅沢《ぜいたく》と閑暇《かんか》によって磨かれる美の他に、もう一つの美の源があるのではないか。それは「子供好き」ということである。若い時から子供が好きで、保育園や幼稚園の先生を志した女性には、特別のホルモンが豊かになり、中年になってからも独特の女性らしさを出すことがあるのではないだろうか。

近頃の学校の主流は、女子でも男子と同じ仕事ができるビジネス・ウーマンやキャリア・ウーマンを作る方向になっている。そこには新しいタイプの「女性美」が出てきていると思われる。そういうタイプの女性の中に、保育園・幼稚園を志望するタイプだった女性が混じると、別種の美、世知辛い世界を超越した美を感じさせることになるのではないだろうか。

数年前のことになるが、ブッシュ大統領の再選については、イラクの状況が思わしくないこともあって、危ぶむ憶測も出ていた。しかしアメリカの雑誌によると、ブッシュ側には強力な秘密兵器があるということだった。それはブッシュ夫人だというのである。彼女は表には出たがらない。いわゆるファミリー・パースン（家庭的な女性）と言われる昔風の人らしい。この人の潜在的人気が巨大だ、というのだ。アメリカには、ヒラリー・クリントン夫人のようなキャリア・ウーマン型で、子供も女の子が一人という女性を支持する人も多いが、昔風の女性が好きだという人もうんと多いらしいのである。

『知的余生の方法』

内省的な気分になることが、とりもなおさず知的生活のはじまりなのである。たとえば乳児をかかえた若い母親が、母乳を与えながら、受胎の神秘、誕生の神秘、生命の神秘というようなことを考えながら瞑想的・内省的気分に入るならば、それは知的生活である。そのような体験を二度、三度と重ねた婦人は、いわゆる学校教育的知識がなくても、しばしばきわめて知的なものである。ところが、この天の与えた瞑想的気分になりやすいときに、母乳のかわりに粉ミルクを与えるなどして、落ち着かない生活をすると、知的生活としてはかえって浅いものになりやすいのである。

『続　知的生活の方法』

かつて『甘えの構造』を書いた土居健郎さんが言っていたことなのだが、アメリカの社会調査によると、女性だけの学校や組織においては上下のヒエラルキーが出来ないという。したがって、リーダーも生まれてこない。女の子どうしの仲間意識で集まっているため、組織として機能しないというのである。これに対して、男子だけの学校だと、必ずすぐに、親分・子分の関係や、兄貴分・弟分といった上下関係が生まれ、自然とリーダーが決まってくるという。そうすると、組織もおのずから動き出す。

男というのは太古の昔から戦うことが役割の動物だから、戦いに際しては一人ではダメだというのが本能的にわかるのだろう。組織がパッと出来上がって、それを仕切っていく者が必ず出てくる。女性の場合はそうではなくて、本能的には子を産み育てることが役割だから、そのことに関しては組織をつくる必要がない。だから、組織をつくって、その中で人を動かしていくということについては、うまくいかないことが多くなるのではないか。

『自分の壁を破る人　破れない人』

大和も出雲も結婚の神様だった

大和に国をつくった神武《じんむ》天皇は、『古事記』によれば比売多多良伊須気余理比売《ひめたたらいすけよりひめ》、『日本書紀』によれば媛蹈鞴五十鈴媛《ひめたたらいすずひめ》と一緒に寝て、そのことを和歌に詠んでいる。次の歌がそうである。

葦原《あしはら》の繁《しげ》こき小屋《をや》に　菅畳《すがたたみ》　いや清敷《さや》きて　我が二人寝し

（葦の繁った野原の小さな家に菅を編んだ畳をきれいに敷いて、われわれは二人して寝たものだ）

一方、大和朝廷を築いた天孫族と同じルーツを持ち、大和時代から古墳時代にかけて出雲地方を支配していた出雲族はどうかと見ると、和歌の始まりはやはり夫婦の交歓を題材としている。

それが素戔鳴尊《すさのおのみこと》の有名な次の歌である。

八雲《やくも》立つ　出雲八重垣《いずもやへがき》　妻籠《つまご》みに　八重垣作る　その八重垣を

（もくもくと雲が立ち上る出雲の須賀《すが》の地に妻と住む宮殿をつくろうとすると、まるでわれら夫婦の暮らす宮殿の八重垣のようにみごとな雲が幾重《いくえ》にも湧き上がってきた）

これは素戔嗚尊が奇稲田姫《くしなだひめ》を妻に迎えて出雲の須賀の地へ赴《おもむ》き、そこに二人が暮らす宮殿を建てるときに詠んだ、まさに結婚の歌である。

＊

そういうわけで、大和（天孫族）も出雲も、両方とも和歌の始まりは結婚の歌なのである。日本という国はなんとおもしろい国かと思う。ただし、大和の天皇家は結婚の神様という枠を超えて発展していくが、逆に出雲家のほうはいつのまにか結婚の神様に収斂《しゅうれん》されていった。『「日本の歴史」第1巻　古代編　現代までつづく日本人の源流』

〝縁〟という深遠な言葉

結婚に踏みきるときの心境の一つに、率直にいって、もうこの辺で嫁（あるいは婿《むこ》）探しをやめようか、という心境が案外大切なことがある。

もっといい相手を、もっといい相手を、と考えても、世界人口のほぼ半分が女性、ほぼ半分が男性で、そのすべてとつき合って相手を決めるということは事実上不可能なことである。どれだけ探してもきりがない。

それに、自分もそれほどたいした人間ではない、という一種の悟りの気持ちも働いてくると思う。たまたまそれが合致した時が、結婚のタイミングといえるかもしれない。そうしたことから〝縁〟という深遠な言葉が生きてくる。

＊

P・G・ハマトンというイギリス人が、長い間フランスに住んで実際体験したり観察したりしたことを書いているところによると、フランスの中産階級では、当人同士が顔を見たこともない縁談がまとまるのが、もっとも理想的と考えられていたという。これは百年前のフランスの話であるが、その結果として、たいていの結婚は非常にうまくいっていたという。

一方、恋愛結婚というと、非常に美しくうまくいくような気がするものだが、必ずしもそうはいかないことが多いのである。恋愛には幻想の部分があるから、結婚してその幻想の部分がだんだん現実に現れてくると幻滅にすりかわってくることがあるのだ。そんな時、幻想が大きければ大きいだけ、失望も大きいであろう。

＊

私は、見合いから恋愛に進むというこうした日本的な結婚へのプロセスは、世界に新しい家庭のつくり方の一つの模範を示していると思う。日本は近代文明国家の中で、もっとも離婚率の低い国の一つであるということは、他の国の手本となる可能性があるということである。親との共同生活といい、日本企業のやり方といい、一時は古いと思われ、改革されようとした部分が、逆に今では欧米諸国で見直され、手本にされようとしている。見合いから恋愛へという結婚に関する風習も、決して例外ではないだろう。むしろ、新しいすばらしい方法といえるかもしれないと私は考えている。偶然の出会いからすばらしい相手を見出し、離婚もせずに一生続くというのは胸のときめくロマンティックな結婚であり、そういう実例もあるのだから、それに賭けるのもあなた自身である。比較的無難な道を選ぶのもあなた自身である。つまりすべてはあなたにかかってくるのである。『自分を生かす』

出典著作一覧（順不同）

『自分を生かす　流れを変える発想法』青春出版社
『「自分」の証明　悩む人ほど、大きく伸びる』イースト・プレス
『学ぶためのヒント』新学社
『新・知的生活の方法　ものを考える人 考えない人』三笠書房
『できる人になる生き方の習慣』致知出版社
『私のモーツァルト』帰徳書房
『知的生活の方法』講談社現代新書
『続　知的生活の方法』講談社現代新書
『知的生活の方法　音楽篇』ワック
『知的余生の方法』新潮新書
『「思い」を実現させる確実な方法』ＰＨＰ研究所
『楽しい読書生活』ビジネス社
『渋沢栄一　男の器量を磨く生き方』致知出版社
『渋沢栄一　人生百訓』致知出版社

出典著作一覧

『大人の読書』ＰＨＰ研究所
『青春の読書（新装版）』ワック
『渋沢栄一『論語と算盤』が教える人生繁栄の道』致知出版社
『孫子の兵法　勝ち続けるために何をすべきか』ワック
『知的風景の中の女性』主婦の友社
『人生を楽しむコツ』（谷沢永一氏との共著）ＰＨＰ文庫
『すごく「頭のいい人」の生活術』三笠書房・知的生き方文庫
『文科の時代』ＰＨＰ文庫
『知的対応の時代』講談社文庫
『実に賢い　頭の使いかた37の習慣』三笠書房
『指導力の研究』ＰＨＰ文庫
『自分の壁を破る人　破れない人』三笠書房・知的生き方文庫
『「日本の歴史」第1巻　古代編　現代までつづく日本人の源流』ワック

※本書は、広瀬書院の岩﨑幹雄氏の協力を得て、編集部で新たに編纂しました。

渡部昇一（わたなべ　しょういち）

上智大学名誉教授。英語学者。文明批評家。昭和５年（1930年）、山形県鶴岡市生まれ。上智大学大学院修士課程修了後、独ミュンスター大学、英オクスフォード大学に留学。Dr. phil., Dr. phil. h.c.（英語学）。第24回エッセイストクラブ賞、第1回正論大賞受賞。

著書に『英文法史』などの専門書のほか、『知的生活の方法』（講談社）、『「日本の歴史」①～⑦』『読む年表 日本の歴史』『渡部昇一 青春の読書』『古事記の読み方』『万葉集のこころ　日本語のこころ』『だから、論語を学ぶ』（ワック）などの話題作やベストセラーが多数ある。2017年4月逝去。

知的《ちてき》生《い》き方《かた》の方法《ほうほう》
人生《じんせい》をほんとうに楽《たの》しむためのスキル

2022年３月６日　初版発行

著　者　渡部 昇一

発行者　鈴木 隆一

発行所　ワック株式会社
東京都千代田区五番町 4-5　五番町コスモビル　〒102-0076
電話　03-5226-7622
http://web-wac.co.jp/

印刷製本　大日本印刷株式会社

ISBN978-4-89831-862-1